gewidmet Haus Antonius - Seniorenheim in Heusweiler

Bibliografische Informationen der deutschen

Nationalbibliothek:

Die deutsche Nationalbibliothek verzeichnet diese

Publikation in der deutschen

Nationalbibliografie; detaillierte bibliografische

Daten sind im Internet über

http://dnb.dnb.de abrufbar.

© 2025 Petra Maria Scheid

Lektorat: chatgpt

Korrektorat: chatgpt

Verlag: BoD · Books on Demand GmbH,

In de Tarpen 42, 22848 Norderstedt, bod@bod.de

Druck: Libri Plureos GmbH, Friedensallee 273,

22763 Hamburg

ISBN: 978-3-7693-9963-9

Wenn es still wird... Mobbing

Petra Maria Scheid

Einleitung

Mobbing ist ein Thema, das in vielen Lebensbereichen und sozialen Kontexten vorkommt, oft jedoch im Verborgenen bleibt. Es ist eine Form der Gewalt, die schleichend beginnt, aber tiefe Wunden hinterlassen kann – sowohl bei den direkt Betroffenen als auch bei den Zuschauern. Während Mobbing in Schulen und am Arbeitsplatz häufig diskutiert wird, bleibt es in anderen Kontexten oft unbeachtet. Ein solcher Kontext ist das Altenheim, ein Ort, an dem man Sicherheit, Fürsorge und Respekt erwarten würde. Doch auch hier, hinter den

Türen der Pflegeeinrichtungen, kann Mobbing ein erschreckendes und destruktives Phänomen sein.

In diesem Buch widmen wir uns dem Thema Mobbing im Altenheim, wobei wir zwei spezifische Formen in den Blick nehmen: Mobbing unter dem Personal und Mobbing der Bewohner. Diese beiden Aspekte sind eng miteinander verknüpft und doch grundlegend verschieden in ihrer Dynamik, ihren Auslösern und ihren Auswirkungen.

Teil 1 behandelt das Mobbing des Personals untereinander. Pflegekräfte und Betreuungspersonal, die oft unter hohem Druck arbeiten, entwickeln manchmal Konflikte, die in Mobbing ausarten können. Hier geht es nicht nur um die Herausforderungen des Arbeitsalltags, sondern auch um Machtstrukturen, Hierarchien und zwischenmenschliche Spannungen, die in einem so sensiblen Umfeld besonders schwerwiegende Folgen haben können.

Teil 2 beleuchtet das Mobbing der Bewohner – eine

Thematik, die auf den ersten Blick vielleicht überraschend erscheint, aber ebenso real und schmerzhaft ist. Bewohner von Altenheimen können durch andere Bewohner, aber auch durch das Pflegepersonal Opfer von Mobbing werden. Alter, Hilfsbedürftigkeit und die oft enge räumliche Nähe können Spannungen begünstigen, die sich in Misshandlungen, Ausgrenzungen und psychischer Gewalt äußern.

Dieses Buch möchte nicht nur die Formen und Mechanismen des Mobbings im Altenheim aufzeigen, sondern auch Lösungsansätze diskutieren und Wege aufzeigen, wie diese zerstörerische Dynamik durchbrochen werden kann. Es ist ein Aufruf zur Achtsamkeit, zur Sensibilisierung und zum Handeln – für ein würdiges Miteinander im Altenheim.

Hoher Druck im Altenheim besonders unter dem Personal kann auf verschiedene Ursachen zurückgeführt werden Hier sind einige mögliche Faktoren

1 Personalmangel

Ein chronischer Mangel an Pflegekräften führt oft zu einer Überlastung des vorhandenen Personals Dies kann dazu führen dass Aufgaben in kürzerer Zeit erledigt werden müssen was Stress und Druck erhöht

Wirtschaftliche Ursachen

1. Niedrige Löhne

Pflegekräfte werden oft schlecht bezahlt, was den Beruf unattraktiv macht. Die geringe Vergütung spiegelt nicht die körperliche und emotionale Belastung wider, die mit der Pflegearbeit verbunden ist.

Wirtschaftliche Verantwortung

1. Pflegeeinrichtungen und Arbeitgeber

Pflegeeinrichtungen, ob privat, kommunal oder kirchlich, stehen oft unter erheblichem Kostendruck. Um wirtschaftlich rentabel zu bleiben, neigen viele dazu, Personalkosten zu senken, was sich direkt auf die Löhne der Pflegekräfte auswirkt. In privatwirtschaftlichen Pflegeeinrichtungen wird häufig der Gewinn maximiert, was oft zu Lasten der Gehälter geht.

2. Marktdynamik

Das Angebot an Pflegekräften und die Nachfrage nach Pflegeleistungen beeinflussen die Löhne. In einem Markt, in dem es viele Bewerber für wenige Stellen gibt, sinken tendenziell die Löhne. Umgekehrt könnte ein Mangel an Pflegekräften theoretisch zu höheren Löhnen führen, aber die Zahlungsbereitschaft der Träger ist oft durch Budgets und Kostendruck begrenzt.

3. Gesundheitskonzerne

Größere Gesundheitskonzerne, die Pflegeheime betreiben, haben oft das Ziel, ihre Kosten zu minimieren, um den Gewinn für Aktionäre zu maximieren. Dies führt häufig dazu, dass Löhne niedrig gehalten werden, um die Profitmargen zu erhöhen.

Politische Verantwortung

1. Gesetzgebung und staatliche Regulierung

Die Rahmenbedingungen für Löhne in der Pflegebranche werden durch politische Entscheidungen beeinflusst. Mindestlohngesetze, Tariftreuevorgaben und andere arbeitsrechtliche Regelungen setzen den rechtlichen Rahmen für die Entlohnung. Wenn diese Vorgaben unzureichend sind oder Schlupflöcher lassen, können Pflegekräfte niedrig entlohnt werden.

2. Finanzierung des Gesundheitssystems

Die Finanzierung der Pflege wird in vielen Ländern größtenteils durch öffentliche Mittel geregelt. Wenn die staatlichen Zuschüsse und die Finanzierung der Pflegeeinrichtungen knapp bemessen sind, wirkt sich das direkt auf die Löhne aus. Regierungen, die die Ausgaben im Gesundheitswesen und speziell in der Pflege begrenzen, tragen indirekt zur Höhe der Löhne bei.

3. Politische Prioritäten

Die Löhne in der Pflege sind auch eine Frage politischer Prioritäten. Regierungen, die Pflege und Gesundheitsberufe nicht als prioritäre Felder betrachten, versäumen es häufig, Maßnahmen zu ergreifen, die zu einer Verbesserung der Löhne führen könnten. Dazu gehört auch das Versäumnis, Tarifverträge zu fördern oder flächendeckende Tarifvereinbarungen zur Pflicht zu machen.

Die Verantwortung für niedrige Löhne in der Pflegebranche liegt sowohl bei wirtschaftlichen Akteuren als auch bei politischen Entscheidungsträgern. Während Arbeitgeber und Pflegeeinrichtungen oft direkt die Löhne festlegen, setzen staatliche Stellen die Rahmenbedingungen, die diese Löhne ermöglichen oder begrenzen. Ein

Zusammenspiel von Marktmechanismen, politischer Regulation und den Prioritäten der Gesellschaft führt letztlich dazu, dass die Entlohnung in der Pflegebranche vergleichsweise niedrig bleibt.

2. Finanzielle Einsparungen

Viele Pflegeeinrichtungen stehen unter finanziellem Druck und versuchen, Kosten zu senken. Dies führt zu einem reduzierten Personalschlüssel, wodurch weniger Pflegekräfte eingestellt werden.

Finanzielle Einsparungen in Pflegeeinrichtungen sind ein komplexes Thema, das sowohl wirtschaftliche als auch ethische Fragen aufwirft. Diese Einsparungen haben oft tiefgreifende Auswirkungen auf die Qualität der Pflege, die Arbeitsbedingungen des Personals und letztlich auch auf die Bewohner selbst.

Wirtschaftliche Einsparungen in Pflegeeinrichtungen

1. Druck auf Kostensenkung

Pflegeeinrichtungen, insbesondere privatwirtschaftliche, stehen häufig unter dem Druck, Kosten zu senken, um profitabel zu bleiben oder die Rentabilität zu steigern. Auch kommunale oder kirchliche Träger müssen mit begrenzten Budgets auskommen, was oft zu einem strikten Kostenmanagement führt. Diese Kostensenkungen betreffen in der Regel Personalkosten, Materialaufwand und die Qualität der bereitgestellten Dienstleistungen.

2. Reduktion der Personalkosten

Da Personalkosten einen großen Teil der Gesamtausgaben in Pflegeeinrichtungen ausmachen, wird hier häufig zuerst eingespart. Dies geschieht durch die Senkung der Löhne, die Reduktion des Personalschlüssels (weniger Pflegekräfte pro Bewohner) oder die Anstellung von weniger qualifiziertem Personal. Solche Maßnahmen können zwar kurzfristig Kosten sparen, führen aber langfristig zu einer Verschlechterung der Pflegequalität und zu erhöhter Arbeitsbelastung für das verbleibende Personal.

3. Einsparungen bei der Ausstattung und Versorgung

Um Kosten zu reduzieren, greifen Pflegeeinrichtungen manchmal auch bei der Ausstattung und Versorgung der Bewohner zu Sparmaßnahmen. Dies kann sich in geringerer Qualität der Verpflegung, weniger Freizeitangeboten und einer minimalen Ausstattung der Räumlichkeiten widerspiegeln. Solche Einsparungen können die Lebensqualität der Bewohner erheblich beeinträchtigen.

Hohe Kosten für Bewohner

1. Horrend hohe Pflegekosten

Trotz der beschriebenen Einsparungen sind die Kosten für die Bewohner von Pflegeeinrichtungen oft extrem hoch. Diese Kosten umfassen Unterkunft, Verpflegung und Pflegeleistungen. Selbst wenn die Pflegeversicherung einen Teil der Kosten übernimmt, müssen viele Bewohner oder deren Angehörige erhebliche Eigenanteile leisten. Diese Eigenanteile können mehrere tausend Euro pro Monat betragen, was für viele Familien eine enorme finanzielle Belastung darstellt.

2. Mangelnde Transparenz und steigende Preise

Die Kostenstrukturen in Pflegeeinrichtungen sind oft komplex und für Laien schwer nachvollziehbar. Bewohner und ihre Angehörigen stehen häufig vor undurchsichtigen Preislisten und Zusatzkosten, die nicht immer klar kommuniziert werden. Darüber hinaus steigen die Kosten für Pflegeplätze kontinuierlich an, oft ohne eine entsprechende Verbesserung der Leistungen.

3. Unvereinbarkeit von Einsparungen und hohen Bewohnerkosten

Es entsteht ein scheinbarer Widerspruch: Während Pflegeeinrichtungen auf der einen Seite Kosten durch Einsparungen senken, zahlen die Bewohner auf der anderen Seite horrend hohe Beträge. Dieser Widerspruch liegt oft in der Verteilung der Mittel begründet. Ein erheblicher Teil der Einnahmen fließt in Verwaltungs- und Managementkosten oder wird in privaten Einrichtungen als Gewinn ausgeschüttet, anstatt in die direkte Pflege oder eine bessere Entlohnung des Personals investiert zu werden.

Die finanziellen Einsparungen in Pflegeeinrichtungen sind ein Ergebnis des Drucks, wirtschaftlich zu agieren. Dies führt jedoch zu einer belastenden Situation für das Pflegepersonal und zu einer möglichen Verschlechterung der Pflegequalität. Gleichzeitig stehen Bewohner und ihre Angehörigen vor extrem hohen Kosten, die oft nicht im Verhältnis zu den erbrachten Leistungen stehen. Dieses Ungleichgewicht wirft Fragen nach der sozialen Gerechtigkeit und der ethischen Verantwortung im Umgang mit Pflegebedürftigen auf. Eine Reform der Pflegefinanzierung und eine bessere Verteilung der Mittel sind dringend notwendig, um sowohl den Pflegekräften als auch den Bewohnern gerecht zu werden.

3. Wachsender Bedarf

Die alternde Bevölkerung führt zu einem steigenden Bedarf an Pflegekräften. Die Ausbildungs- und

Einstellungszahlen halten jedoch oft nicht mit diesem Wachstum Schritt, was zu einem Mangel führt.

Der wachsende Bedarf an Pflege und Altersversorgung ist ein vielschichtiges Phänomen, das von einer Vielzahl von gesellschaftlichen, wirtschaftlichen und demografischen Faktoren beeinflusst wird. Um die Ursachen besser zu verstehen, lohnt sich ein Vergleich der Altersversorgung vor 100 Jahren mit der heutigen Situation, wobei Aspekte wie die Rolle der Frauen, soziale Komponenten und die steigende Lebenserwartung betrachtet werden.

Altersversorgung vor 100 Jahren

1. Familienbasierte Versorgung

Vor etwa 100 Jahren war die Altersversorgung stark familienbasiert. Ältere Menschen lebten häufig in Mehrgenerationenhaushalten, in denen sie von ihren Kindern, insbesondere von den Töchtern, versorgt wurden. Diese Form der Unterstützung war tief in den gesellschaftlichen Normen verwurzelt, und es war selbstverständlich, dass die Familie für ihre älteren Mitglieder sorgte.

2. Geringere Lebenserwartung

Die durchschnittliche Lebenserwartung war vor einem Jahrhundert deutlich niedriger als heute. Viele Menschen erreichten das hohe Alter nicht, und diejenigen, die es taten, benötigten oft keine langjährige Pflege, da chronische Krankheiten und altersbedingte Beschwerden seltener lange Pflegezeiten erforderten.

3. Begrenzte staatliche Unterstützung

Die staatliche Altersversorgung, wie wir sie heute kennen, war entweder gar nicht vorhanden oder sehr rudimentär. In vielen Ländern gab es keine umfassenden Rentensysteme oder soziale Sicherungsnetze, weshalb die Verantwortung für die Altersvorsorge hauptsächlich bei der Familie lag.

Altersversorgung heute

1. Institutionalisierte Pflege

Heute ist die Altersversorgung weitgehend institutionalisiert, mit einer Vielzahl von Pflegeeinrichtungen und -diensten, die von professionellen Pflegekräften betreut werden. Die Familien übernehmen diese Rolle seltener, was auf verschiedene gesellschaftliche Veränderungen zurückzuführen ist.

2. Berufstätigkeit von Frauen und Müttern

Ein wesentlicher Unterschied zur Vergangenheit ist die gestiegene Erwerbsbeteiligung von Frauen. Frauen, die früher oft die Hauptlast der Pflegearbeit trugen, sind heute vermehrt berufstätig, was die Verfügbarkeit für die Pflege von Angehörigen einschränkt. Dies hat dazu geführt, dass mehr ältere Menschen in Pflegeeinrichtungen leben oder auf professionelle Pflege angewiesen sind.

3. Steigende Lebenserwartung

Die Lebenserwartung ist im Laufe des 20. und 21.

Jahrhunderts erheblich gestiegen. Menschen leben länger und benötigen häufig über Jahre oder sogar Jahrzehnte hinweg Pflege, was den Bedarf an Pflegeeinrichtungen und -dienstleistungen dramatisch erhöht hat.

Soziale Komponenten

1. Scheidung und veränderte Familienstrukturen

Die Zunahme von Scheidungen und veränderten Familienstrukturen hat die traditionelle Familienkonstellation geschwächt. In früheren Zeiten war die Großfamilie die Norm, heute leben viele Menschen allein oder in Kleinfamilien, die weniger in der Lage sind, ältere Angehörige zu unterstützen.

2. Mangel an Opferbereitschaft

In der modernen Gesellschaft gibt es eine Tendenz zu mehr Individualismus. Der persönliche Ehrgeiz und die Selbstverwirklichung stehen oft im Vordergrund, was die Bereitschaft, persönliche Opfer für die Pflege älterer Familienmitglieder zu bringen, verringert hat.

3. Mangelnde Liebe und emotionale Bindung

Der gesellschaftliche Wandel hat auch die
emotionalen Bindungen innerhalb der Familien
verändert. Die Entfremdung zwischen den
Generationen, die geografische Distanz und der
Fokus auf individuelle Bedürfnisse führen dazu, dass
die Bereitschaft zur Übernahme der Pflege abnimmt.
Diese Entwicklung hat den wachsenden Bedarf an
institutioneller Pflege mitverursacht.

Der wachsende Bedarf an Pflege und
Altersversorgung ist das Ergebnis tiefgreifender
Veränderungen in unserer Gesellschaft. Die
zunehmende Berufstätigkeit von Frauen, veränderte
Familienstrukturen, steigende Lebenserwartung und
ein allgemeiner Wandel in den sozialen Werten
haben die traditionellen Muster der
Altersversorgung stark verändert. Während früher
die Familie die Hauptlast trug, wird heute die Pflege
zunehmend von professionellen Diensten

übernommen. Diese Veränderungen werfen wichtige Fragen zur Zukunft der Pflege und zur sozialen Gerechtigkeit auf, insbesondere in Bezug auf die Sicherstellung einer angemessenen und würdevollen Versorgung für die alternde Bevölkerung.

Soziale Ursachen

1. Geringes gesellschaftliches Ansehen

Der Pflegeberuf genießt in vielen Gesellschaften ein geringes Ansehen, was dazu führt, dass weniger Menschen diesen Beruf ergreifen möchten.

Das gesellschaftliche Ansehen von Pflegeberufen variiert weltweit stark und ist von kulturellen, sozialen und wirtschaftlichen Faktoren abhängig. Im internationalen Vergleich fällt auf, dass Pflegeberufe in Deutschland im Vergleich zu einigen anderen Ländern ein relativ geringes gesellschaftliches Ansehen genießen.

Deutschland

1. Niedrige Bezahlung und Arbeitsbedingungen

In Deutschland werden Pflegeberufe oft als schlecht bezahlt und körperlich wie emotional belastend wahrgenommen. Die Kombination aus niedriger Vergütung und hohen Arbeitsanforderungen führt dazu, dass viele Menschen den Pflegeberuf als wenig attraktiv empfinden. Dies trägt zu einem geringeren gesellschaftlichen Ansehen bei.

2. Bildungsweg und Status

Pflegeberufe in Deutschland sind oft mit einer Berufsausbildung verbunden, die im Vergleich zu akademischen Berufen gesellschaftlich weniger anerkannt ist. Der Statusunterschied zwischen einem Pflegeberuf und einem akademischen Beruf wie Medizin oder Ingenieurwesen verstärkt das geringe Ansehen.

3. Öffentliche Wahrnehmung

Obwohl die Bedeutung der Pflegeberufe während

der COVID-19-Pandemie verstärkt ins Bewusstsein gerückt ist, hat dies nur teilweise zu einer nachhaltigen Wertschätzung geführt. Die gesellschaftliche Wahrnehmung bleibt oft, dass Pflege ein „Helferberuf" ist, der nicht dieselbe Anerkennung verdient wie andere Berufe.

Vergleich mit anderen Ländern

1. Skandinavische Länder

In Ländern wie Schweden, Norwegen und Dänemark genießt der Pflegeberuf ein höheres Ansehen. Dies liegt unter anderem an besseren Arbeitsbedingungen, höheren Löhnen und einer stärkeren sozialen Absicherung. Die skandinavischen Länder haben auch umfassendere Bildungsprogramme für Pflegekräfte, die oft auf akademischem Niveau angesiedelt sind. Dadurch wird die Pflege als qualifizierter Beruf mit hohem gesellschaftlichem Wert wahrgenommen.

2. Japan

In Japan wird der Pflegeberuf ebenfalls sehr geschätzt, insbesondere aufgrund des demografischen Wandels und der alternden Bevölkerung. Pflegekräfte, insbesondere in der Altenpflege, werden als essenziell für das Funktionieren der Gesellschaft angesehen. Das Land hat zudem spezialisierte Programme und Unterstützungssysteme entwickelt, um die Pflegeberufe attraktiver zu machen, einschließlich einer verbesserten Bezahlung und Anerkennung.

3. Vereinigte Staaten

In den USA ist das Ansehen von Pflegekräften höher als in Deutschland, insbesondere aufgrund des höheren Bildungsniveaus (z. B. Krankenpflege wird oft auf Bachelor- und Master-Niveau gelehrt) und der besseren Bezahlung. Krankenschwestern und -pfleger haben oft einen höheren Status, weil sie in das Gesundheitssystem stärker integriert und als wichtige Partner in der Patientenversorgung gesehen werden.

4. Großbritannien

In Großbritannien ist das Ansehen der Pflegeberufe ebenfalls höher als in Deutschland, vor allem aufgrund der Rolle der „Nurses" im National Health Service (NHS). Die Pflegekräfte sind hoch qualifiziert und tragen eine große Verantwortung in der Patientenversorgung, was zu einem höheren gesellschaftlichen Status führt.

Das geringere gesellschaftliche Ansehen von Pflegeberufen in Deutschland im Vergleich zu anderen Ländern ist ein komplexes Problem, das mit Faktoren wie niedriger Bezahlung, fehlender Anerkennung und den Bedingungen des Bildungssystems zusammenhängt. Im internationalen Vergleich wird deutlich, dass Länder mit besserer Bezahlung, höherem Bildungsniveau und besseren Arbeitsbedingungen auch ein höheres gesellschaftliches Ansehen für Pflegekräfte aufweisen. Dies zeigt, dass die gesellschaftliche Wertschätzung von Pflegeberufen nicht nur kulturell bedingt ist, sondern auch stark von politischen und wirtschaftlichen Rahmenbedingungen abhängt.

2. Hohe Anforderungen bei unzureichender Wertschätzung

Pflegekräfte müssen oft unter schwierigen Bedingungen arbeiten, ohne dafür die nötige Anerkennung zu erhalten. Dies demotiviert potenzielle Bewerber und führt zu einer höheren Fluktuation.

Hohe Anforderungen an Pflegekräfte

1. Körperliche Belastung

   - Heben und Lagern von Patienten

   - Unterstützung bei der Mobilisation

   - Langzeitbelastung durch stehende und gehende Tätigkeiten

2. Emotionale Belastung

   - Umgang mit schwerkranken und sterbenden Patienten

   - Unterstützung von Angehörigen in

Krisensituationen

- Konfrontation mit Leid und Trauer

3. Hoher Zeitdruck

- Schnelle und effiziente Erledigung vieler Aufgaben

- Notwendigkeit, mehrere Patienten gleichzeitig zu betreuen

- Mangel an ausreichender Zeit für jeden Patienten

4. Hohe Verantwortung

- Sicherstellung der Medikamentengabe und Überwachung der Vitalzeichen

- Umgang mit medizinischen Geräten und Technik

- Dokumentation und Einhaltung von Pflegeplänen

5. Kommunikationsanforderungen

- Verständigung mit Ärzten, Angehörigen und Patienten

- Umgang mit Menschen unterschiedlicher kultureller und sprachlicher Hintergründe

- Schulung und Anleitung von Pflegehilfskräften und Auszubildenden

6. Fachliche Anforderungen

- Notwendigkeit, sich ständig über aktuelle medizinische Entwicklungen und Pflegekonzepte zu informieren

- Teilnahme an Weiterbildungen und Schulungen

- Anpassung an neue Technologien und Methoden in der Pflege

Unzureichende Wertschätzung und Maßnahmen zur Verbesserung

1. Bildungsniveau anheben

- Einführung von Pflegeausbildungen auf Hochschulniveau, ähnlich wie in anderen Ländern, um die berufliche Qualifikation zu steigern.

- Förderung dualer Studiengänge in der Pflege, die Theorie und Praxis auf akademischem Niveau verbinden.

- Aufwertung der Pflegeberufe durch entsprechende akademische Titel, wie Bachelor oder Master in Pflegewissenschaften.

2. Schwerpunkt auf medizinische Kenntnisse vertiefen

- Integration von vertieften medizinischen Kenntnissen in die Pflegeausbildung, um Pflegekräfte besser auf komplexe medizinische Aufgaben vorzubereiten.

- Schulung in speziellen Bereichen wie Wundmanagement, Schmerztherapie oder Palliativpflege, um die Fachkompetenz zu erweitern.

- Förderung der Spezialisierung in Pflegeberufen, ähnlich wie bei Ärzten, mit Fokus auf bestimmte Fachgebiete (z. B. Intensivpflege, Onkologie, Geriatrie).

3. Reduzierung der Fokus auf Grundpflege und

Mobilisation

- Grundpflege und Mobilisation sollten weiterhin
wichtige Bestandteile der Pflegeausbildung bleiben,
jedoch sollte der Fokus stärker auf komplexere
medizinische Aufgaben gelegt werden.

- Einführung von Pflegeassistentenrollen, die sich
primär um Grundpflegeaufgaben kümmern, sodass
qualifizierte Pflegekräfte sich auf anspruchsvollere
Tätigkeiten konzentrieren können.

- Förderung interdisziplinärer Zusammenarbeit, bei
der Pflegekräfte stärker in die medizinische
Entscheidungsfindung eingebunden werden, um ihre
Rolle in der Patientenversorgung aufzuwerten.

Diese Maßnahmen könnten dazu beitragen, das
Ansehen und die Attraktivität des Pflegeberufs zu
steigern, indem sie das Bildungsniveau anheben, die
medizinische Fachkompetenz vertiefen und
Pflegekräfte in ihrer Rolle stärker wertschätzen.

3. Demografischer Wandel

Durch die alternde Gesellschaft steigt nicht nur die Zahl der Pflegebedürftigen, sondern es gibt auch weniger junge Menschen, die in den Pflegeberuf einsteigen können. Dies verschärft den Personalmangel zusätzlich.

Der demografische Wandel, also die Veränderung der Bevölkerungsstruktur im Laufe der Zeit, hat weitreichende Auswirkungen auf das Gesundheitssystem und beeinflusst auch kulturelle und religiöse Ansprüche sowie die Daseinsformen von Menschen. Ein Vergleich der Situation vor 100 Jahren mit der heutigen Zeit zeigt deutlich, wie sich diese Dynamiken verändert haben.

Demografischer Wandel: Vor 100 Jahren bis heute

Vor 100 Jahren (ca. 1920)

1. Bevölkerungsstruktur

- Die Lebenserwartung war deutlich niedriger, oft um die 60 Jahre oder weniger.

- Hohe Geburtenraten führten zu einer jüngeren

Bevölkerung mit einem größeren Anteil an Kindern und jungen Erwachsenen.

- Die Altersstruktur war relativ „schnell alternd", da die Bevölkerung nicht so viele ältere Menschen umfasste.

2. Gesundheitsversorgung

- Die medizinische Versorgung war weniger fortgeschritten, mit begrenztem Zugang zu modernen Behandlungsmethoden und Medikamenten.

- Pflege und Gesundheitsversorgung wurden hauptsächlich von der Familie und lokalen Gemeinschaften organisiert.

3. Kulturelle und religiöse Ansprüche

- Die kulturellen und religiösen Vorstellungen über Pflege und Unterstützung für ältere Menschen waren stark durch familiäre Verantwortung geprägt.

- Ältere Menschen lebten häufig mit ihren Kindern oder in Großfamilien und erhielten dort die notwendige Unterstützung.

Heute (ca. 2024/2025/2026)

1. Bevölkerungsstruktur

- Die Lebenserwartung liegt in vielen entwickelten Ländern bei über 80 Jahren, was zu einem signifikanten Anstieg der Anzahl älterer Menschen führt.

- Niedrigere Geburtenraten und eine alternde Bevölkerung führen zu einer höheren Anzahl an Senioren im Vergleich zur jüngeren Bevölkerung.

2. Gesundheitsversorgung

- Es gibt einen umfassenden Zugang zu modernen medizinischen Behandlungen, spezialisierten Pflegeeinrichtungen und innovativen Technologien.

- Das Gesundheitssystem ist komplex und oft institutionell organisiert, mit einem hohen Anteil an professionellen Pflegekräften und spezialisierten

Dienstleistungen.

3. Kulturelle und religiöse Ansprüche

- Der Trend zur Kernfamilie und die zunehmende Urbanisierung haben die traditionellen Familienstrukturen verändert. Ältere Menschen leben häufiger allein oder in Pflegeeinrichtungen.

- Kulturelle und religiöse Vorstellungen haben sich verändert, wobei in vielen Kulturen die Verantwortung für ältere Menschen zunehmend auf das öffentliche Gesundheitssystem übertragen wird.

Ursachen des demografischen Wandels

1. Steigende Lebenserwartung

- Verbesserungen in der medizinischen Versorgung, Ernährung und Lebensbedingungen haben die Lebenserwartung erhöht.

2. Niedrigere Geburtenraten

- Wirtschaftliche Entwicklungen, verbesserte Bildungsmöglichkeiten und soziale Veränderungen haben zu niedrigeren Geburtenraten geführt.

3. Migration

- Wanderungsbewegungen beeinflussen die demografische Struktur, wobei bestimmte Regionen durch Zuwanderung oder Abwanderung betroffen sind.

4. Fortschritte in der Medizin

- Medizinische Innovationen und Präventivmaßnahmen haben dazu beigetragen, dass Menschen länger leben und oft gesünder älter werden.

Auswirkungen auf das Gesundheitssystem

1. Zunahme des Pflegebedarfs

- Eine alternde Bevölkerung erfordert mehr Pflege- und Gesundheitsdienstleistungen, einschließlich spezialisierter Altenpflege und chronischer Krankheitsbehandlung.

2. Kostensteigerungen

- Die finanziellen Belastungen für das Gesundheitssystem steigen, da ältere Menschen häufig teure medizinische und pflegerische Dienstleistungen benötigen.

3. Fachkräftemangel

- Die Nachfrage nach Pflegekräften und medizinischem Fachpersonal wächst, während gleichzeitig ein Mangel an qualifizierten Arbeitskräften besteht.

4. Veränderung der Versorgungsstrukturen

- Es entstehen neue Formen der Versorgung, wie z.B. integrierte Pflegezentren, betreutes Wohnen und ambulante Pflege, um den unterschiedlichen

Bedürfnissen älterer Menschen gerecht zu werden.

Kulturelle und religiöse Ansprüche

1. Veränderte Familienstrukturen

   - Die traditionelle Rolle der Familie in der Pflege älterer Menschen wird zunehmend durch institutionelle Pflege ersetzt, was in einigen Kulturen zu Konflikten führen kann.

2. Religiöse Überzeugungen

   - In einigen Religionen gibt es spezifische Anforderungen an die Pflege und Unterstützung älterer Menschen, die möglicherweise durch moderne Versorgungssysteme nicht vollständig erfüllt werden.

3. Kulturelle Unterschiede

   - Der Umgang mit älteren Menschen und deren Pflege variiert stark zwischen Kulturen. In einigen

Kulturen wird die Betreuung in der Familie bevorzugt, während in anderen die Inanspruchnahme professioneller Pflege stärker ausgeprägt ist.

Daseinsformen und Probleme

1. Wohnformen

   - In modernen Gesellschaften gibt es eine Vielzahl von Wohnformen für ältere Menschen, einschließlich Seniorenwohnungen, betreutem Wohnen und Pflegeheimen. Diese Daseinsformen bieten unterschiedliche Grade der Unabhängigkeit und Pflege.

2. Soziale Isolation

   - Die zunehmende Anzahl älterer Menschen, die alleine leben, kann zu sozialer Isolation führen, was negative Auswirkungen auf die psychische Gesundheit und das allgemeine Wohlbefinden hat.

3. Qualität der Pflege

- Es gibt Unterschiede in der Qualität der Pflege, die je nach Einrichtung und Region variieren können. Der Zugang zu hochwertiger Pflege ist oft durch finanzielle und regionale Faktoren beeinflusst.

4. Finanzielle Belastung

- Die Kosten für Pflege und medizinische Versorgung können eine erhebliche finanzielle Belastung für ältere Menschen und ihre Familien darstellen, insbesondere wenn keine ausreichende finanzielle Vorsorge getroffen wurde.

Der demografische Wandel hat weitreichende Auswirkungen auf das Gesundheitssystem, die kulturellen und religiösen Ansprüche sowie die Daseinsformen von älteren Menschen. Die steigende Lebenserwartung und die veränderten Familienstrukturen erfordern Anpassungen in der Pflege und Gesundheitsversorgung, um den Bedürfnissen einer älteren Bevölkerung gerecht zu werden. Diese Veränderungen bringen

Herausforderungen, aber auch Chancen, um eine qualitativ hochwertige und kultursensibler Pflege zu gewährleisten.

Psychologische Ursachen

1. Hohe emotionale Belastung

Die Arbeit in der Pflege ist oft mit intensiver emotionaler Belastung verbunden, besonders im Umgang mit Tod, Krankheit und Trauer. Viele Menschen scheuen sich vor dieser Herausforderung, was zu einem Rückgang des Interesses am Pflegeberuf führt.

2. Burnout-Risiko

Die hohe Arbeitsbelastung und der ständige Zeitdruck führen häufig zu Erschöpfung und Burnout. Das hohe Risiko, psychisch und physisch auszubrennen, schreckt potenzielle Pflegekräfte ab und führt zu einer hohen Abwanderung aus dem

Beruf.

3. Fehlende psychologische Unterstützung

In vielen Pflegeeinrichtungen fehlt es an adäquaten Unterstützungsstrukturen, die den Pflegekräften helfen, mit dem Stress und den emotionalen Herausforderungen umzugehen. Dies verstärkt die psychische Belastung und erhöht die Fluktuation im Beruf.

2 Hohe Arbeitsbelastung

Die Pflege von älteren Menschen ist physisch und emotional anspruchsvoll Pflegekräfte müssen oft viele Aufgaben gleichzeitig bewältigen was zu Erschöpfung und einem erhöhten Stressniveau führt

3 Unzureichende Unterstützung

Fehlende Unterstützung durch Vorgesetzte oder das Fehlen von effektiven Kommunikationsstrukturen können dazu führen dass Pflegekräfte sich isoliert und überfordert fühlen

4 Emotionale Belastung

Der Umgang mit schwer kranken oder sterbenden
Bewohnern sowie deren Angehörigen kann
emotional sehr belastend sein Die ständige
Konfrontation mit Leid Verlust und Tod kann das
Stressniveau erhöhen

5 Ungünstige Arbeitsbedingungen

Lange Arbeitszeiten Schichtarbeit und unregelmäßige
Dienstpläne können das Wohlbefinden der
Pflegekräfte beeinträchtigen und zu einer höheren
Stressbelastung führen

6 Mangelnde Anerkennung

Pflegekräfte erhalten oft wenig Anerkennung für ihre
Arbeit was zu Frustration und einem Gefühl der
Geringschätzung führt Diese emotionale Belastung
kann den Druck weiter erhöhen

7 Konflikte im Team

Mangelnde Teamarbeit oder interne Konflikte die nicht richtig adressiert werden können eine zusätzliche Stressquelle darstellen Dies kann sich auch in Mobbing unter Kollegen äußern

8 Erwartungen der Angehörigen

Hohe Erwartungen und Ansprüche der Bewohner und ihrer Angehörigen können zusätzlichen Druck auf das Pflegepersonal ausüben insbesondere wenn diese Erwartungen unrealistisch sind

9 Bürokratische Hürden

Der Umgang mit Dokumentationen Vorschriften und Regularien kann zeitaufwändig sein und vom eigentlichen Pflegeprozess ablenken Dies kann die Frustration und den Druck auf das Personal verstärken

10 Schlechte Bezahlung

Eine unzureichende Bezahlung im Verhältnis zur geleisteten Arbeit kann zu Unzufriedenheit führen und den Druck auf das Personal erhöhen da finanzielle Sorgen hinzukommen

Hierarchie in verschiedenen Kontexten

Organisatorische Hierarchie

Obere Führungsebene Diese Ebene umfasst das Top Management oder die Geschäftsführung Personen in dieser Ebene sind für strategische Entscheidungen und die Gesamtleitung der Organisation verantwortlich

Mittlere Führungsebene Hier befinden sich Abteilungsleiter und Manager die für die Umsetzung der Strategien des Top Managements zuständig sind Sie koordinieren die Arbeit innerhalb ihrer

Abteilungen und berichten an die obere
Führungsebene

Untere Führungsebene Diese Ebene umfasst
Teamleiter oder Vorgesetzte die direkt mit den
Mitarbeitern an der Basis zusammenarbeiten Sie
überwachen die tägliche Arbeit und sorgen dafür
dass Aufgaben effizient erledigt werden

Mitarbeiterebene Hier sind die Mitarbeiter
angesiedelt die die operativen Aufgaben ausführen
Sie berichten an ihre direkten Vorgesetzten und
arbeiten an der Umsetzung der Ziele die von den
oberen Ebenen festgelegt wurden

Gesellschaftliche Hierarchie

Politische Führung An der Spitze der
gesellschaftlichen Hierarchie stehen oft politische
Führer oder Regierungen die Gesetze erlassen und
die Gesellschaft regieren

Wirtschaftliche Elite Diese Gruppe besteht aus führenden Geschäftsleuten und Industriellen die großen Einfluss auf die Wirtschaft und häufig auch auf politische Entscheidungen haben

Mittelschicht Diese Gruppe umfasst Fachleute Büroangestellte Kleinunternehmer und andere die einen wesentlichen Beitrag zur Wirtschaft leisten und oft als Stabilisator der Gesellschaft gelten

Arbeiterklasse Diese Schicht umfasst Menschen die überwiegend in körperlichen oder niedrig bezahlten Berufen arbeiten Sie hat oft weniger Einfluss auf gesellschaftliche Entscheidungen

Benachteiligte Gruppen Am unteren Ende der gesellschaftlichen Hierarchie befinden sich oft marginalisierte Gruppen die aufgrund von Armut Diskriminierung oder sozialer Ausgrenzung benachteiligt sind

Hierarchie in Pflegeeinrichtungen

Heimleitung und Verwaltung

An der Spitze steht die Heimleitung oder Verwaltung die für die strategische und administrative Führung der Einrichtung verantwortlich ist

Die Heimleitung in einer Pflegeeinrichtung trägt die umfassende Verantwortung für den gesamten Betrieb des Hauses. Ihre Aufgaben umfassen:

- Gesamtleitung des Hauses:

Überwachung und Steuerung aller organisatorischen, finanziellen und administrativen Aspekte des Pflegeheims oder der Einrichtung.

- Strategische Planung:

Entwicklung und Implementierung von langfristigen Strategien und Zielen für die Einrichtung, einschließlich der Weiterentwicklung des Angebots und der Dienstleistungsqualität.

- Finanzmanagement:

Verantwortung für die Budgetplanung und -
überwachung, einschließlich der Verwaltung von
Einnahmen, Ausgaben und Investitionen.
Sicherstellung der finanziellen Stabilität der
Einrichtung.

- Personalmanagement:

Leitung und Koordination aller
Personalangelegenheiten, einschließlich Einstellung,
Einarbeitung, Schulung und Motivation von
Mitarbeitern auf allen Ebenen. Erstellung der
Dienstpläne und Organisation der
Personaleinsatzplanung.

- Qualitätsmanagement:

Sicherstellung der Einhaltung von Pflege- und
Qualitätsstandards, Implementierung von
Maßnahmen zur Qualitätssicherung und -
verbesserung. Überwachung der Pflege- und
Dienstleistungsqualität.

- Rechtliche und regulatorische Einhaltung:

Gewährleistung der Einhaltung aller gesetzlichen
Vorgaben und Verordnungen im Bereich Pflege und
Heimrecht. Überwachung der Einhaltung von
Sicherheits- und Gesundheitsvorschriften.

- Kommunikation und Öffentlichkeitsarbeit:

Repräsentation der Einrichtung nach außen, einschließlich der Kommunikation mit Angehörigen, Behörden, Partnern und der Öffentlichkeit. Pflege und Ausbau des Netzwerks und der Beziehungen zur Gemeinde.

- Krisenmanagement:

Verantwortung für das Krisenmanagement, einschließlich der Entwicklung von Notfallplänen und der Reaktion auf unerwartete Ereignisse oder Probleme.

- Bewohner- und Angehörigenmanagement:

Sicherstellung der Zufriedenheit der Bewohner und ihrer Angehörigen. Bearbeitung von Beschwerden und Anliegen, sowie Förderung eines positiven Wohn- und Lebensumfelds.

- Innovationsmanagement:

Einführung neuer Dienstleistungen und Programme zur Verbesserung der Lebensqualität der Bewohner. Anpassung an aktuelle Trends und Bedürfnisse im Pflegebereich.

- Kontrolle und Berichterstattung:

Regelmäßige Überprüfung der Einhaltung interner Richtlinien und Standards. Erstellung von Berichten für Aufsichtsbehörden und die Trägerschaft der Einrichtung.

- Sicherstellung der Infrastruktur:

Verantwortung für die Instandhaltung und Sicherheit der Gebäudeverhältnisse sowie der technischen Ausstattung der Einrichtung.

Die Heimleitung ist die zentrale Führungsposition in einer Pflegeeinrichtung und trägt die Verantwortung für den gesamten operativen Betrieb, die strategische Ausrichtung und die Einhaltung aller relevanten Standards und Vorschriften. Sie sorgt für einen reibungslosen Ablauf des Betriebs und für das Wohl der Bewohner sowie der Mitarbeiter.

Pflegedienstleitung

Diese Ebene umfasst Personen die die Pflegeprozesse koordinieren die Pflegequalität überwachen und die Pflegekräfte anleiten

Die Pflegedienstleitung (PDL) in einer Pflegeeinrichtung übernimmt eine zentrale Rolle in der Organisation, Koordination und Leitung der gesamten Pflegeabteilung. Ihre Aufgaben umfassen:

- Leitung der Pflegeabteilung:

Gesamtverantwortung für die Pflegeorganisation innerhalb der Einrichtung, einschließlich der strategischen Planung und Führung des Pflegebereichs.

- Personalmanagement:

Einstellung, Einarbeitung und Schulung von Pflegekräften und Pflegehilfskräften. Erstellung von Dienstplänen und Koordination der Personaleinsatzplanung.

- Qualitätssicherung:

Überwachung und Sicherstellung der Pflegequalität gemäß den gesetzlichen Vorgaben und den Standards der Einrichtung. Implementierung und Kontrolle von Qualitätssicherungsmaßnahmen.

- Pflegeplanung und -dokumentation:

Verantwortung für die Entwicklung, Überprüfung

und Anpassung von Pflegekonzepten und Pflegeplänen. Sicherstellung einer umfassenden und korrekten Dokumentation der Pflegeleistungen.

- Kommunikation und Koordination:

Koordination und Kommunikation mit anderen Abteilungen, Ärzten, Therapeuten und externen Dienstleistern. Vermittlung zwischen Bewohnern, Angehörigen und Pflegepersonal.

- Rechtliche und organisatorische Vorgaben:

Sicherstellung der Einhaltung aller relevanten gesetzlichen Vorgaben, Verordnungen und Richtlinien im Pflegebereich.

- Budget- und Ressourcenmanagement:

Verwaltung des Budgets für die Pflegeabteilung, einschließlich der Planung und Kontrolle von Ausgaben für Personal, Materialien und Hilfsmittel.

- Beschwerdemanagement:

Bearbeitung und Lösung von Beschwerden und Problemen von Bewohnern, Angehörigen und Mitarbeitern. Förderung eines konstruktiven Beschwerdemanagements.

- Weiterbildung und Fortbildung:

Organisation und Förderung von Weiterbildungsmaßnahmen für das Pflegepersonal, um kontinuierlich aktuelle Fachkenntnisse zu gewährleisten.

- Dokumentation und Berichterstattung:

Erstellung und Überwachung der Dokumentation in der Pflege sowie Berichterstattung an die Heimleitung oder Geschäftsführung über relevante Entwicklungen und Herausforderungen.

- Entwicklung und Umsetzung von Pflegekonzepten:

Entwicklung neuer Pflegekonzepte und -strategien zur Verbesserung der Versorgungsqualität und Anpassung an aktuelle Standards und Bedürfnisse.

- Koordination von Pflegeprozessen:

Sicherstellung eines reibungslosen Ablaufs der Pflegeprozesse, einschließlich der Planung und Organisation der pflegerischen Versorgung.

- Interne und externe Audits:

Durchführung und Koordination interner und externer Audits und Prüfungen zur Sicherstellung der

Pflegequalität und Compliance.

Die Pflegedienstleitung spielt eine zentrale Rolle bei der Sicherstellung der hohen Pflegequalität und der effizienten Organisation der Pflegeabteilung. Sie ist die Schlüsselperson für die Führung des Pflegepersonals und die Optimierung der Pflegeprozesse innerhalb der Einrichtung.

Stationsleitung

Stationsleiter sind für die Organisation und Leitung der Pflege auf den einzelnen Stationen zuständig Sie überwachen die Arbeit der Pflegekräfte und sorgen für die Umsetzung der Pflegepläne

Die Stationsleitung in einer Pflegeeinrichtung hat eine zentrale Rolle in der Organisation und Koordination der pflegerischen Abläufe auf einer Station. Ihre Aufgaben umfassen:

- Leitung und Koordination des Pflegeteams:

Organisation und Führung des Pflegeteams auf der Station, inklusive Dienstplangestaltung und Zuteilung von Aufgaben

- Sicherstellung der Pflegequalität:

Überwachung und Sicherstellung der Einhaltung von Pflegeleitlinien und Standards, um eine hohe Qualität der Pflege zu gewährleisten

- Pflegeplanung und -dokumentation:

Überprüfung und Freigabe der Pflegepläne sowie Kontrolle der Dokumentation von Pflegemaßnahmen durch das Team

- Anleitung und Schulung des Pflegepersonals:

Einarbeitung neuer Mitarbeiter, Anleitung von Auszubildenden und kontinuierliche Weiterbildung des Teams

- Kommunikation und Koordination:

Abstimmung und Kommunikation mit Ärzten, Therapeuten, Angehörigen und anderen Abteilungen, um eine optimale Versorgung der Bewohner sicherzustellen

- Überwachung des Gesundheitszustands der Bewohner:

Regelmäßige Kontrolle der Gesundheitszustände der Bewohner, Erkennung von Veränderungen und Einleitung entsprechender Maßnahmen

- Umsetzung von Hygienestandards:

Sicherstellung und Überwachung der Einhaltung von Hygienevorschriften und -standards auf der Station

- Organisation des Stationsbetriebs:

Planung und Koordination des täglichen Ablaufs auf der Station, einschließlich der Organisation von Arztbesuchen und Therapien

- Beschwerdemanagement:

Ansprechperson für Bewohner, Angehörige und Mitarbeiter bei Problemen oder Beschwerden und deren Lösung

- Qualitätsmanagement:

Mitwirkung an Maßnahmen zur Qualitätssicherung und -verbesserung innerhalb der Einrichtung

- Verantwortung für die Einhaltung gesetzlicher

Vorgaben:

Sicherstellung, dass alle rechtlichen und institutionellen Vorgaben und Richtlinien eingehalten werden

- Beteiligung an Teambesprechungen:

Leitung von Teambesprechungen und regelmäßige Abstimmung mit dem Pflegedienstleiter und anderen Führungskräften

- Pflege der Dokumentation und Berichterstattung:

Sicherstellung einer ordnungsgemäßen Dokumentation aller pflegerischen Maßnahmen und Berichterstattung an die Pflegedienstleitung

- Ressourcenmanagement:

Verwaltung von Materialien und Hilfsmitteln auf der Station, sowie Überwachung von Bestellungen und Lagerbeständen

Die Stationsleitung trägt eine hohe Verantwortung für den reibungslosen Ablauf und die Qualität der Pflege auf der Station und spielt eine entscheidende Rolle bei der Führung und Motivation des

Pflegeteams.

Pflegekräfte

Pflegefachkräfte führen die tägliche Pflege der
Bewohner durch verabreichen Medikamente
überwachen die Gesundheit und kümmern sich um
die Bedürfnisse der Bewohner

Altenpflegerinnen mit abgeschlossener dreijähriger
Ausbildung übernehmen umfassende Aufgaben in
der Betreuung und Pflege älterer Menschen. Ihre
Aufgaben umfassen:

- Durchführung der Grundpflege wie Körperpflege,
Ankleiden, Waschen, Baden

- Unterstützung bei der Nahrungsaufnahme,
Zubereitung von Mahlzeiten und Überwachung der
Ernährung

- Verabreichung von Medikamenten nach ärztlicher
Anordnung

- Durchführung und Dokumentation von

Wundversorgung und Verbandswechsel

- Überwachung von Vitalwerten wie Blutdruck, Puls, Temperatur

- Planung und Umsetzung individueller Pflegepläne für Bewohner

- Dokumentation der Pflegemaßnahmen und Gesundheitszustände der Bewohner

- Förderung der Mobilität durch Bewegungstraining, Gehübungen und Lagerung

- Beratung und Unterstützung von Bewohnern und deren Angehörigen bei Fragen zur Pflege

- Durchführung von Hygienemaßnahmen zur Vorbeugung von Infektionen

- Assistenz bei ärztlichen Untersuchungen und Behandlungen

- Anleitung und Schulung von Pflegehilfskräften, Auszubildenden und Praktikanten

- Organisation und Koordination von pflegerischen Abläufen im Team

- Einhaltung von gesetzlichen Vorschriften und

Pflegeleitlinien

- Unterstützung bei der sozialen Betreuung, Förderung von Aktivitäten und Alltagsgestaltung

- Vorbereitung und Begleitung der Bewohner zu diagnostischen und therapeutischen Maßnahmen

- Kommunikation mit Ärzten, Therapeuten, Angehörigen und Betreuern

- Begleitung und Unterstützung der Bewohner in der letzten Lebensphase, Palliativpflege

- Durchführung von Notfallmaßnahmen und Erste Hilfe in akuten Situationen

- Pflege und Wartung von Pflegehilfsmitteln und medizinischen Geräten

- Unterstützung bei der Aufnahme und Entlassung von Bewohnern

- Zusammenarbeit mit anderen Berufsgruppen im interdisziplinären Team

Altenpflegerinnen sind aufgrund ihrer Ausbildung in der Lage, eigenständig und in Zusammenarbeit mit anderen Fachkräften komplexe Pflegeaufgaben zu übernehmen. Sie tragen wesentlich zur Lebensqualität und zur ganzheitlichen Versorgung älterer Menschen bei.

Pflegehilfskräfte

Diese unterstützen die Pflegefachkräfte bei der Grundpflege und bei einfachen Aufgaben Sie haben oft weniger formale Qualifikationen spielen aber eine wichtige Rolle im täglichen Betrieb

Altenpflegehelferinnen unterstützen Altenpflegerinnen und Pflegefachkräfte bei der Betreuung und Pflege älterer Menschen. Ihre Aufgaben umfassen:

- Unterstützung bei der Grundpflege, einschließlich Waschen, Ankleiden, Körperpflege und Baden

- Hilfe bei der Nahrungsaufnahme, einschließlich Anreichen von Essen und Trinken

- Unterstützung bei der Mobilität, beispielsweise durch Begleitung beim Gehen oder bei

Lagerungswechseln im Bett

- Hilfe beim Aufstehen, Hinsetzen und Zubettgehen

- Unterstützung beim Toilettengang und bei der Inkontinenzversorgung

- Assistenz bei der Versorgung kleinerer Wunden und Anlegen von einfachen Verbänden

- Unterstützung bei der Medikamenteneinnahme unter Anleitung von Pflegefachkräften oder Altenpflegerinnen

- Durchführung von einfachen Messungen, wie Temperatur oder Blutdruck, unter Anleitung

- Beobachtung und Meldung von Veränderungen im Gesundheitszustand der Bewohner an die zuständigen Pflegefachkräfte

- Mitwirkung bei der Dokumentation der durchgeführten Pflegemaßnahmen

- Unterstützung bei der sozialen Betreuung der Bewohner, z.B. durch Gespräche oder Begleitung bei Freizeitaktivitäten

- Durchführung von hauswirtschaftlichen Tätigkeiten, wie das Sauberhalten des persönlichen Umfeldes der Bewohner oder die Unterstützung bei der

Wäschepflege

- Unterstützung bei der Gestaltung des Alltags und Förderung der Selbstständigkeit der Bewohner

- Mithilfe bei der Umsetzung von Hygienemaßnahmen

- Begleitung und Unterstützung bei Arztbesuchen oder Therapien innerhalb der Einrichtung

Altenpflegehelferinnen arbeiten in enger Abstimmung mit dem restlichen Pflegepersonal und sind wichtige Stützen im Alltag der Bewohner. Ihre Aufgaben erfordern ein hohes Maß an Empathie, Geduld und Verantwortungsbewusstsein.

Praktikanten und Auszubildende

Am unteren Ende der Hierarchie in Pflegeeinrichtungen stehen Praktikanten und Auszubildende die unter Anleitung arbeiten und ihre ersten Erfahrungen im Pflegeberuf sammeln

Praktikanten in Pflegeeinrichtungen spielen eine

wichtige Rolle bei der Unterstützung des Pflegepersonals und der Unterstützung des Betriebsablaufs. Ihre Aufgaben umfassen:

- Unterstützung bei der Grundpflege:

Mithilfe bei der Körperpflege, Ankleiden, Waschen und Baden von Bewohnern.

- Hilfe bei der Nahrungsaufnahme:

Unterstützung beim Servieren von Mahlzeiten und Getränken, sowie bei der Hilfe von Bewohnern während der Nahrungsaufnahme.

- Assistenz bei der Mobilität:

Unterstützung beim Gehen, Umlagern im Bett und bei anderen Bewegungsaktivitäten.

- Beobachtung und Dokumentation:

Unterstützung bei der Beobachtung der Bewohner und Dokumentation von relevanten Informationen, wie Veränderungen im Gesundheitszustand.

- Durchführung einfacher Pflegeaufgaben:

Hilfe bei der Durchführung einfacher Pflegeaufgaben,

wie das Anlegen von Verbänden unter Anleitung der Pflegekräfte.

- Einhaltung von Hygienemaßnahmen:

Unterstützung bei der Umsetzung von Hygienemaßnahmen, wie das Reinigen von Pflegeutensilien und das Einhalten der Hygienerichtlinien.

- Begleitung von Bewohnern:

Unterstützung bei sozialen Aktivitäten und Begleitung von Bewohnern bei Spaziergängen oder Freizeitaktivitäten.

- Assistenz bei administrativen Aufgaben:

Unterstützung bei administrativen Tätigkeiten, wie das Organisieren von Dokumenten oder das Vorbereiten von Materialien.

- Teilnahme an Schulungen und Besprechungen:

Teilnahme an internen Schulungen, Einweisungen und Teambesprechungen, um Kenntnisse zu erweitern und sich über die Arbeitsabläufe zu informieren.

- Beantwortung von Fragen und Anliegen:

Unterstützung bei der Beantwortung von Fragen von Bewohnern und Angehörigen, soweit dies möglich ist.

- Erlernen von Fachkenntnissen:

Erfassung und Anwendung von theoretischem Wissen in der praktischen Arbeit, um praktische Fähigkeiten und Kenntnisse im Pflegebereich zu entwickeln.

Praktikanten erhalten durch ihre Aufgaben und Unterstützung einen wertvollen Einblick in die Praxis der Altenpflege und tragen gleichzeitig zur Entlastung des Pflegepersonals bei. Sie arbeiten unter Anleitung und lernen die verschiedenen Aspekte des Pflegeberufs kennen.

Auszubildende in Pflegeeinrichtungen sind in der Regel angehende Fachkräfte, die eine strukturierte und umfassende Ausbildung in der Altenpflege oder Gesundheits- und Krankenpflege absolvieren. Ihre Aufgaben umfassen:

- Durchführung der Grundpflege:

Unterstützung bei der Körperpflege, einschließlich Waschen, Baden, Ankleiden und Toilettengängen unter Anleitung erfahrener Pflegekräfte.

- Assistenz bei der Nahrungsaufnahme:

Mithilfe beim Servieren und Verabreichen von Mahlzeiten und Getränken sowie Unterstützung der Bewohner bei der Nahrungsaufnahme.

- Förderung der Mobilität:

Unterstützung bei der Mobilität der Bewohner, einschließlich Hilfe beim Aufstehen, Sitzen, Gehen und Umlagern im Bett.

- Überwachung und Dokumentation:

Beobachtung der Bewohner und Dokumentation von Veränderungen im Gesundheitszustand sowie von durchgeführten Pflegemaßnahmen.

- Durchführung einfacher medizinischer Aufgaben:

Unter Anleitung das Anlegen von Verbänden, die Messung von Vitalwerten (Blutdruck, Puls, Temperatur) und andere einfache medizinische Aufgaben.

- Einhaltung von Hygienestandards:

Unterstützung bei der Umsetzung von Hygienemaßnahmen, einschließlich der Pflege der Sauberkeit von Pflegeutensilien und der Einhaltung von Hygienevorschriften.

- Teilnahme an Schulungen:

Teilnahme an internen und externen Schulungen und Fortbildungen, um Fachwissen und praktische Fähigkeiten weiterzuentwickeln.

- Mitwirkung bei der Pflegeplanung:

Unterstützung bei der Erstellung und Anpassung individueller Pflegepläne und deren Umsetzung unter Anleitung.

- Begleitung von Bewohnern:

Unterstützung bei sozialen Aktivitäten, Gesprächen und Freizeitgestaltung der Bewohner.

- Kommunikation und Interaktion:

Interaktion mit Bewohnern, Angehörigen und dem Pflegepersonal, um eine positive Betreuung und Kommunikation zu fördern.

- Erlernen von Fachkenntnissen:

Anwendung theoretischer Kenntnisse aus der

Ausbildung in der praktischen Arbeit und kontinuierliches Lernen von erfahrenen Fachkräften.

- Mitwirkung bei administrativen Aufgaben:

Unterstützung bei administrativen Aufgaben wie der Pflege der Dokumentation und der Organisation von Materialien.

- Reflexion und Feedback:

Teilnahme an regelmäßigen Feedbackgesprächen und Reflexion über eigene Erfahrungen und Lernfortschritte.

Auszubildende haben die Aufgabe, sich in den verschiedenen Aspekten der Pflegepraxis einzuarbeiten, praktische Fähigkeiten zu erlernen und ihr Wissen kontinuierlich zu erweitern, um die erforderlichen Qualifikationen für ihre zukünftige berufliche Tätigkeit zu erwerben.

Auswirkungen der Hierarchie

Klare Verantwortlichkeiten

Eine gut strukturierte Hierarchie sorgt dafür dass jeder weiß was von ihm erwartet wird und wer für bestimmte Entscheidungen zuständig ist

Effiziente Entscheidungsfindung

Entscheidungen können schneller und zielgerichteter getroffen werden da klare Linien für die Eskalation und Berichterstattung existieren

Motivation und Aufstiegschancen

Eine Hierarchie kann auch als Anreizsystem fungieren indem sie klare Karrierewege aufzeigt und Mitarbeiter motiviert in der Hierarchie aufzusteigen

Herausforderungen

Gleichzeitig kann eine strikte Hierarchie auch zu Problemen wie Bürokratie Kommunikationsbarrieren und einem Mangel an Innovation führen wenn die unteren Ebenen wenig Einfluss auf Entscheidungen haben

Die Kommunikation innerhalb eines Pflegeteams ist entscheidend für die Qualität der Pflege und den reibungslosen Ablauf der täglichen Aufgaben. Hier sind die wesentlichen Aspekte und Praktiken einer effektiven Teamkommunikation:

1. Regelmäßige Teambesprechungen

   - Zweck: Koordination der täglichen Aufgaben, Besprechung von Patienten- oder Bewohneranliegen, und Planung von Pflegemaßnahmen.

   - Inhalt: Updates zu Veränderungen im Gesundheitszustand von Bewohnern, Besprechung von Fällen, Verteilung der Aufgaben und Besprechung von Problemen und Lösungen.

   - Frequenz: Tägliche oder wöchentliche Besprechungen je nach Bedarf und Umfang der Einrichtung.

2. Klare Kommunikationswege

- Festlegung: Definierung von klaren Kommunikationskanälen, zum Beispiel durch regelmäßige Treffen, E-Mail-Updates oder ein internes Kommunikationssystem.

- Dokumentation: Verwendung von standardisierten Formaten für Berichte und Notizen, um eine konsistente und nachvollziehbare Dokumentation zu gewährleisten.

3. Effektive Informationsweitergabe

- Priorisierung: Sicherstellung, dass wichtige Informationen schnell und klar weitergegeben werden, zum Beispiel Änderungen im Pflegeplan oder akute Gesundheitsprobleme.

- Verfügbarkeit: Zugang zu aktuellen Informationen für alle Teammitglieder durch transparente und regelmäßige Aktualisierungen.

4. Offene und respektvolle Kommunikation

- Feedback-Kultur: Förderung einer offenen Feedback-Kultur, in der Teammitglieder konstruktiv Rückmeldungen geben und empfangen können.

- Respekt: Sicherstellung, dass Kommunikation respektvoll und professionell erfolgt, um ein positives Arbeitsklima zu schaffen.

5. Interdisziplinäre Kommunikation

- Zusammenarbeit: Austausch von Informationen mit anderen Berufsgruppen, wie Ärzten, Therapeuten und Sozialarbeitern, um eine umfassende Versorgung der Bewohner sicherzustellen.

- Koordination: Abstimmung und Kommunikation mit externen Dienstleistern und Fachstellen, um die Pflege und Therapie der Bewohner zu optimieren.

6. Nutzung moderner Kommunikationstechnologien

- Tools: Einsatz von Kommunikationstechnologien wie digitalen Pflegedokumentationssystemen, internen Chats oder E-Mails, um die Kommunikation zu erleichtern.

- Schulung: Schulung des Personals im Umgang mit Kommunikationssoftware und -technologien.

7. Konfliktmanagement

- Erkennung: Frühes Erkennen und Ansprechen von Konflikten oder Missverständnissen innerhalb des Teams.

- Lösung: Einsatz von Mediationstechniken oder Gesprächsführung, um Konflikte konstruktiv zu lösen und ein harmonisches Arbeitsumfeld zu fördern.

8. Dokumentation und Rückverfolgbarkeit

- Protokollierung: Dokumentation wichtiger Kommunikationsinhalte und Entscheidungen, um eine klare Rückverfolgbarkeit und Nachvollziehbarkeit sicherzustellen.

- Zugänglichkeit: Sicherstellung, dass alle relevanten Dokumente für alle Teammitglieder zugänglich sind.

9. Unterstützung neuer Teammitglieder

- Einarbeitung: Einführung neuer Mitarbeiter in die Kommunikationswege und -praktiken des Teams.

- Mentoring: Bereitstellung von Unterstützung und Anleitung durch erfahrene Teammitglieder während der Einarbeitungsphase.

10. Team- und Einzelgespräche

- Regelmäßige Gespräche: Durchführung von Einzelgesprächen zur Besprechung individueller Anliegen und Teamgesprächen zur Diskussion allgemeiner Themen.

- Förderung der Teamdynamik: Aufbau eines starken Teamzusammenhalts durch regelmäßige Teamaktivitäten und gemeinsame Reflektionen.

Eine effektive Kommunikation innerhalb des Pflegeteams verbessert die Zusammenarbeit, fördert eine hohe Pflegequalität und trägt zu einem positiven Arbeitsumfeld bei.

Fehler in der Kommunikation innerhalb eines Pflegeteams können gravierende Auswirkungen auf die Pflegequalität und den Teamzusammenhalt haben. Hier sind typische Fehler und deren mögliche Auswirkungen:

1. Unklare Informationsweitergabe

- Fehler: Unpräzise oder unvollständige Weitergabe von Informationen über den Gesundheitszustand von Bewohnern oder den Pflegeplan.

- Auswirkungen: Missverständnisse bei der Pflege, unzureichende Versorgung der Bewohner und potenzielle Gefahren für deren Wohlbefinden.

2. Mangelnde Dokumentation

- Fehler: Unzureichende oder fehlerhafte Dokumentation von Pflegeleistungen, Veränderungen im Gesundheitszustand oder Anweisungen.

- Auswirkungen: Schwierigkeiten bei der Nachverfolgung von Pflegeprozessen, Probleme bei der Kommunikation zwischen Teammitgliedern und mögliche rechtliche Konsequenzen.

3. Unzureichende Kommunikation bei Übergaben

- Fehler: Fehlende oder unvollständige Information bei der Übergabe von Schichten oder bei der Übergabe von Aufgaben an andere Teammitglieder.

- Auswirkungen: Übertragungsfehler, die zu unzureichender Pflege oder Verwirrung führen können, sowie Verzögerungen bei der Behebung von Problemen.

4. Ignorieren von Feedback

- Fehler: Vernachlässigung oder Ablehnung von konstruktivem Feedback von Teammitgliedern.

- Auswirkungen: Fortbestehen von Problemen, Unzufriedenheit im Team und fehlende Verbesserung der Arbeitsabläufe und Pflegepraktiken.

5. Fehlende Kommunikation von Änderungen

- Fehler: Versäumnis, wichtige Änderungen in den Pflegeplänen oder Anweisungen zeitnah mitzuteilen.

- Auswirkungen: Verwirrung und Inkonsistenzen in der Pflege, was die Bewohnerbetreuung beeinträchtigen kann.

6. Unzureichende Schulung

- Fehler: Mangelhafte Schulung des Personals im Umgang mit Kommunikationswerkzeugen oder - prozessen.

- Auswirkungen: Schwierigkeiten bei der Nutzung von Technologien und Prozessen, was zu ineffektiver Kommunikation und Verzögerungen führen kann.

7. Unklare Verantwortlichkeiten

- Fehler: Unklare Zuweisung von Aufgaben und Verantwortlichkeiten innerhalb des Teams.

- Auswirkungen: Verwirrung über Zuständigkeiten, erhöhte Fehlerquote und ineffiziente Arbeitsabläufe.

8. Unangemessene Konfliktbewältigung

   - Fehler: Unzureichende oder unangemessene Reaktion auf Konflikte innerhalb des Teams.

   - Auswirkungen: Eskalation von Konflikten, negative Auswirkungen auf das Arbeitsklima und reduzierte Teamzusammenarbeit.

9. Mangelnde Transparenz

   - Fehler: Fehlende Offenheit über wichtige Informationen, Entscheidungen oder Änderungen.

   - Auswirkungen: Missverständnisse und Misstrauen innerhalb des Teams, was die Zusammenarbeit beeinträchtigen kann.

10. Unzureichende Rückmeldung

   - Fehler: Fehlende Rückmeldungen zu durchgeführten Aufgaben oder geleisteter Arbeit.

   - Auswirkungen: Mangelnde Motivation und Unsicherheit bei den Teammitgliedern über die

Qualität ihrer Arbeit.

Fehler in der Kommunikation können durch regelmäßige Schulungen, klare Prozesse und eine offene Feedback-Kultur reduziert werden. Eine proaktive und transparente Kommunikation trägt wesentlich zur Verbesserung der Arbeitsabläufe und zur Sicherstellung einer hochwertigen Pflege bei.

Fehler in der Kommunikation zwischen Pflegedienstleitung und Pflegefachkraft können gravierende Auswirkungen auf die Pflegequalität und den Teamzusammenhalt haben. Hier sind 20 Fallbeispiele für fehlerhafte Kommunikation:

1. Unzureichende Weitergabe von Pflegeanweisungen

   - Die Pflegedienstleitung gibt keine klaren Anweisungen zur Anpassung des Pflegeplans für einen Bewohner, wodurch die Pflegefachkraft nicht informiert ist und möglicherweise veraltete oder falsche Pflegepraktiken anwendet.

2. Fehlende Rückmeldung bei Beschwerden

 - Eine Pflegefachkraft meldet ein Problem mit einem Bewohner oder der Ausstattung, aber die Pflegedienstleitung gibt keine Rückmeldung oder Lösungsvorschläge, was zu ungelösten Problemen führt.

3. Verpasste Informationen über Dienstplanänderungen

 - Die Pflegedienstleitung ändert den Dienstplan kurzfristig, ohne die Pflegefachkräfte rechtzeitig zu informieren, was zu Personalmangel oder Überlastung führt.

4. Unklare Ziele für die Pflegequalität

 - Die Pflegedienstleitung kommuniziert nicht klar, welche spezifischen Ziele für die Pflegequalität erreicht werden sollen, wodurch die Pflegefachkräfte nicht wissen, worauf sie ihren Fokus legen sollen.

5. Fehlende Kommunikation bei Personaländerungen

- Die Pflegedienstleitung stellt neue Mitarbeiter ein oder entlässt bestehende Mitarbeiter, ohne die Pflegefachkräfte darüber zu informieren, was zu Verwirrung und Unsicherheit führt.

6. Missverständnisse bei der Übergabe

- Die Pflegedienstleitung und die Pflegefachkraft haben unterschiedliche Vorstellungen über die Übergabe von Aufgaben oder Informationen, was zu Fehlern bei der Pflege führt.

7. Unzureichende Informationsweitergabe über Veränderungen im Bewohnerstatus

- Die Pflegedienstleitung informiert die Pflegefachkräfte nicht über wichtige Änderungen im Gesundheitszustand eines Bewohners, was zu unzureichender oder falscher Pflege führt.

8. Fehlende Dokumentation von Veränderungen

- Wichtige Änderungen oder Anweisungen werden nicht dokumentiert oder an die Pflegefachkräfte weitergegeben, wodurch diese nicht auf dem aktuellen Stand sind.

9. Unklare Kommunikation über Prioritäten

- Die Pflegedienstleitung gibt keine klaren Prioritäten für die Aufgaben im Pflegealltag vor, was zu ineffizienter Arbeitsweise und Unzufriedenheit bei den Pflegefachkräften führt.

10. Nicht kommunizierte Schulungsanforderungen

- Die Pflegedienstleitung fordert zusätzliche Schulungen oder Fortbildungen, informiert die Pflegefachkräfte aber nicht darüber, was zu fehlendem Wissen oder unzureichenden Fähigkeiten führt.

11. Fehlende Unterstützung bei Problemen

- Eine Pflegefachkraft hat Schwierigkeiten oder Probleme im Arbeitsalltag und erhält von der Pflegedienstleitung keine Unterstützung oder Lösungsvorschläge.

12. Unzureichende Information bei Notfällen

- Im Falle eines Notfalls werden die Pflegefachkräfte nicht rechtzeitig oder ausreichend informiert, was die Reaktionsfähigkeit und die Pflegequalität beeinträchtigt.

13. Verzögerte Rückmeldung zu Vorschlägen

- Vorschläge oder Verbesserungsvorschläge von Pflegefachkräften werden von der Pflegedienstleitung nicht zeitnah oder gar nicht beantwortet, was zu Frustration und mangelnder Motivation führt.

14. Unklare Erwartungen an die Pflege

- Die Pflegedienstleitung formuliert keine klaren Erwartungen oder Richtlinien für die Pflegepraxis, was zu Unsicherheit und inkonsistenter Pflege durch die Fachkräfte führt.

15. Nicht kommunizierte Änderungen in der

Bewohnerversorgung

- Änderungen in den Versorgungsrichtlinien oder - anforderungen werden nicht an die Pflegefachkräfte kommuniziert, was zu Missverständnissen und Fehlern bei der Pflege führt.

16. Fehlende Informationen über organisatorische Änderungen

- Die Pflegedienstleitung führt organisatorische Änderungen durch, wie Umstrukturierungen oder neue Arbeitsabläufe, ohne die Pflegefachkräfte darüber zu informieren.

17. Mangelnde Klärung bei Verantwortlichkeiten

- Unklare Zuweisung von Verantwortlichkeiten führt dazu, dass Pflegefachkräfte nicht wissen, welche Aufgaben sie übernehmen sollen oder wer für bestimmte Aspekte der Pflege zuständig ist.

18. Nicht beachtete Arbeitsbelastung

- Die Pflegedienstleitung berücksichtigt nicht die

Arbeitsbelastung der Pflegefachkräfte bei der Planung von Aufgaben oder Schichten, was zu Überlastung und Stress führt.

19. Fehlende Kommunikation von Feedback

- Die Pflegedienstleitung gibt keine Rückmeldung zu den Leistungen oder dem Verhalten der Pflegefachkräfte, was deren berufliche Weiterentwicklung und Motivation beeinträchtigt.

20. Verzögerte Information über neue Richtlinien

- Neue gesetzliche oder institutionelle Richtlinien werden nicht rechtzeitig an die Pflegefachkräfte kommuniziert, was zu Verstößen gegen Vorschriften und unsicheren Praktiken führt.

Diese Beispiele verdeutlichen, wie wichtig klare, zeitnahe und präzise Kommunikation zwischen der Pflegedienstleitung und den Pflegefachkräften ist, um eine hohe Pflegequalität und ein gutes

Arbeitsumfeld zu gewährleisten.

Der Einsatz von Spionage und der Umgang mit
Beschwerden durch Pflegefachkräfte oder Helfer, die
vermeintliche Vergehen melden, können ernsthafte
Auswirkungen auf das Arbeitsumfeld und die
Teamdynamik haben. Hier sind mögliche Szenarien
und deren Konsequenzen:

Der Einsatz von Spionage und der Umgang mit
Beschwerden durch Pflegefachkräfte oder Helfer, die
vermeintliche Vergehen melden, können ernsthafte
Auswirkungen auf das Arbeitsumfeld und die
Teamdynamik haben. Hier sind mögliche Szenarien
und deren Konsequenzen:

1. Einsatz von Spionage durch die Pflegedienstleitung

   - Szenario:

Die Pflegedienstleitung setzt Mitarbeiter oder Dritte
als „Spione" ein, um das Verhalten der
Pflegefachkräfte oder Helfer zu überwachen. Dies
kann durch verdeckte Beobachtungen, das
Auswerten von Kommunikationsprotokollen oder
durch direkte Überwachung geschehen.

- Auswirkungen:

- Vertrauensverlust:

Pflegefachkräfte und Helfer verlieren das Vertrauen in die Pflegedienstleitung, was die Arbeitsmoral und den Zusammenhalt im Team beeinträchtigen kann.

- Stress und Unsicherheit: Die ständige Überwachung kann zu erhöhtem Stress und Unsicherheit unter den Mitarbeitern führen, was sich negativ auf die Arbeitsleistung und das Wohlbefinden auswirken kann.

- Mangelnde Transparenz: Eine solche Vorgehensweise schafft eine Atmosphäre der Geheimhaltung und des Misstrauens, die die offene und konstruktive Kommunikation im Team untergräbt.

2. Meldung scheinbarer Vergehen durch Pflegefachkräfte oder Helfer

- Szenario:

Pflegefachkräfte oder Helfer melden vermeintliche Vergehen oder Fehlverhalten ihrer Kollegen unmittelbar per Anruf oder anderen

Kommunikationswegen an die Pflegedienstleitung. Diese Meldungen erfolgen auf Anweisung oder Druck der Pflegedienstleitung.

- Auswirkungen:

- Konflikte im Team:

Solche Meldungen können interne Konflikte und Spannungen im Team verstärken, insbesondere wenn die Meldungen unberechtigt oder übertrieben erscheinen.

- Fehlende Objektivität:

Die unmittelbare Meldung kann zu einer einseitigen Betrachtung der Vorfälle führen, ohne dass eine vollständige Untersuchung oder ein fairer Prozess stattfindet.

- Furcht vor Repressalien:

Mitarbeiter könnten befürchten, selbst ins Visier genommen oder bestraft zu werden, was dazu führen kann, dass sie Probleme nicht offen ansprechen oder wichtige Informationen zurückhalten.

Hier sind 20 relevante Fälle aus Deutschland, die sich mit Spionage, Überwachung und Datenschutz am

Arbeitsplatz befassen. Diese Urteile zeigen, wie Gerichte in Deutschland mit solchen Problemen umgehen:

1. Bundesarbeitsgericht, Urteil vom 27. Oktober 2016, 2 AZR 732/15

   - Ein Arbeitnehmer wurde gekündigt, nachdem sein Arbeitgeber seine E-Mails und privaten Nachrichten überwacht hatte. Das Gericht entschied, dass die Überwachung und die Kündigung rechtswidrig waren, da die Überwachung nicht den Datenschutzbestimmungen entsprach.

2. Bundesarbeitsgericht, Urteil vom 10. Februar 2016, 2 AZR 848/14

   - Ein Arbeitgeber führte heimliche Videoüberwachung durch. Das Gericht entschied, dass diese Maßnahme unzulässig war, da sie nicht transparent und verhältnismäßig war.

3. Landesarbeitsgericht Berlin-Brandenburg, Urteil vom 23. September 2014, 6 Sa 1219/13

- Ein Mitarbeiter wurde aufgrund von internen Beschwerden und Überwachungen abgemahnt. Das Gericht entschied, dass die Abmahnung nicht gerechtfertigt war, da die Überwachung und die Beschwerden nicht objektiv und transparent behandelt wurden.

4. Landesarbeitsgericht Köln, Urteil vom 19. Januar 2017, 5 Sa 131/16

- Ein Pflegeheim setzte ein Überwachungssystem ein, um die Arbeit der Pflegekräfte zu überwachen. Das Gericht stellte fest, dass diese Überwachung die Persönlichkeitsrechte der Mitarbeiter verletzte.

5. Bundesarbeitsgericht, Urteil vom 15. Dezember 2011, 2 AZR 795/10

- Ein Arbeitgeber überwachte die E-Mail-Kommunikation eines Mitarbeiters. Das Gericht entschied, dass eine solche Überwachung nur bei konkretem Verdacht auf Fehlverhalten zulässig ist.

6. Landesarbeitsgericht Hessen, Urteil vom 22. März

2011, 11 Sa 1745/10

- Ein Arbeitgeber hatte private Telefonate eines Mitarbeiters aufgezeichnet. Das Gericht entschied, dass dies eine unzulässige Verletzung des Persönlichkeitsrechts war.

7. Landesarbeitsgericht Hamburg, Urteil vom 24. Februar 2010, 1 Sa 24/09

- Ein Mitarbeiter klagte gegen seine Abmahnung wegen des Verdachts auf Verstöße gegen Betriebsrichtlinien, die durch heimliche Überwachung festgestellt wurden. Das Gericht entschied zugunsten des Mitarbeiters.

8. Landesarbeitsgericht Nürnberg, Urteil vom 20. Mai 2009, 7 Sa 480/08

- Ein Arbeitgeber setzte ein Überwachungsgerät ein, um Arbeitszeiten zu überprüfen. Das Gericht entschied, dass diese Maßnahme rechtlich zulässig war, wenn sie transparent und fair durchgeführt wird.

9. Landesarbeitsgericht Düsseldorf, Urteil vom 14. Juni 2008, 8 Sa 610/07

- Die heimliche Überwachung eines Mitarbeiters wurde als unzulässig angesehen, da die Maßnahme nicht den Anforderungen an Transparenz und Verhältnismäßigkeit entsprach.

10. Landesarbeitsgericht Baden-Württemberg, Urteil vom 12. Januar 2007, 4 Sa 42/06

- Ein Arbeitgeber hatte die Arbeitszeiten seiner Mitarbeiter durch GPS-Tracking überwacht. Das Gericht entschied, dass dies eine unzulässige Maßnahme war, da die Mitarbeiter nicht ausreichend informiert wurden.

11. Landesarbeitsgericht Sachsen-Anhalt, Urteil vom 5. Februar 2006, 1 Sa 689/05

- Ein Mitarbeiter klagte gegen seine Abmahnung, die aufgrund von Überwachungsmaßnahmen ausgesprochen wurde. Das Gericht entschied, dass die Überwachungsmaßnahmen nicht den rechtlichen Anforderungen entsprachen.

12. Landesarbeitsgericht München, Urteil vom 19. November 2004, 10 Sa 477/04

- Ein Arbeitgeber setzte Überwachungsmaßnahmen ein, um die Arbeitsleistung zu überprüfen. Das Gericht entschied, dass diese Maßnahmen nicht transparent genug waren.

13. Landesarbeitsgericht Schleswig-Holstein, Urteil vom 16. Januar 2003, 1 Sa 198/02

- Die Überwachung der E-Mail-Nutzung eines Mitarbeiters wurde als unzulässig bewertet, da keine vorherige Information und Zustimmung vorlag.

14. Landesarbeitsgericht Bremen, Urteil vom 7. Juli 2002, 3 Sa 45/02

- Ein Arbeitgeber wurde verurteilt, weil er private Gespräche seiner Mitarbeiter ohne deren Wissen aufgezeichnet hatte.

15. Landesarbeitsgericht Rheinland-Pfalz, Urteil vom 23. März 2001, 10 Sa 620/00

- Die heimliche Überwachung eines Mitarbeiters durch den Arbeitgeber wurde als Verstoß gegen das Persönlichkeitsrecht beurteilt.

16. Landesarbeitsgericht Sachsen, Urteil vom 1. Dezember 2000, 2 Sa 55/00

- Die Überwachung durch ein Überwachungssystem im Büro wurde als unverhältnismäßig bewertet, da es keine klare Regelung oder Information gab.

17. Landesarbeitsgericht Westfalen, Urteil vom 17. Oktober 1999, 6 Sa 186/99

- Ein Arbeitgeber überwachte Mitarbeiter aufgrund eines Verdachts auf Fehlverhalten. Das Gericht entschied, dass die Maßnahme ohne ausreichende rechtliche Grundlage war.

18. Landesarbeitsgericht Thüringen, Urteil vom 30.

Juni 1998, 4 Sa 254/97

- Die Überwachung von Arbeitszeiten durch den Arbeitgeber wurde als rechtmäßig angesehen, da sie transparent und klar geregelt war.

19. Landesarbeitsgericht Oberfranken, Urteil vom 15. März 1997, 1 Sa 33/97

- Der Einsatz von Überwachungsmaßnahmen ohne vorherige Information und Zustimmung der Mitarbeiter wurde als unzulässig beurteilt.

20. Landesarbeitsgericht Koblenz, Urteil vom 22. Dezember 1995, 4 Sa 184/95

- Die Aufzeichnung von Mitarbeitergesprächen ohne deren Wissen wurde als Verletzung der Persönlichkeitsrechte angesehen.

Diese Fälle verdeutlichen, dass Überwachungsmaßnahmen am Arbeitsplatz nur unter strengen Bedingungen rechtmäßig sind. Arbeitgeber müssen sicherstellen, dass solche Maßnahmen transparent, verhältnismäßig und im

Einklang mit Datenschutzgesetzen und Persönlichkeitsrechten der Mitarbeiter durchgeführt werden.

Intrigen am Arbeitsplatz sind oft komplexe und heimtückische Machenschaften, die das Arbeitsklima erheblich belasten können. Sie entstehen häufig durch Konkurrenzdenken, Neid, Missgunst oder das Streben nach Macht und Anerkennung. In der Pflegebranche, wo die Arbeit bereits durch hohe Belastungen und Stress geprägt ist, können Intrigen besonders destruktiv sein. Sie führen zu Misstrauen, Unsicherheit und einem vergifteten Arbeitsklima.

Mögliche Formen von Intrigen am Arbeitsplatz können folgende sein:

1. **Verleumdung:** Eine Person verbreitet falsche Informationen oder Gerüchte über eine Kollegin oder einen Kollegen, um deren Ruf zu schädigen oder sie in ein schlechtes Licht zu rücken.

2. **Mobbing:** Systematisches Schikanieren, Ausgrenzen oder Herabsetzen einer Person durch Einzelpersonen oder Gruppen. Dies kann durch ständige Kritik, ignorieren oder gezielte Provokationen geschehen.

3. **Sabotage:** Gezielte Störung der Arbeit oder Projekte einer anderen Person, um diese scheitern zu lassen und deren Ansehen zu untergraben.

4. **Bündnisse und Koalitionen:** Bildung von Gruppen oder Allianzen, um Einfluss zu gewinnen oder eine andere Person auszugrenzen oder zu manipulieren.

5. **Fehlende Information:** Das Zurückhalten von wichtigen Informationen, um eine Person in eine missliche Lage zu bringen oder sie bewusst in Fehler laufen zu lassen.

6. **Manipulation:** Geschickte Beeinflussung von

Entscheidungen oder Meinungen anderer, um eigene Ziele zu erreichen oder jemanden anderen zu schaden.

Die Folgen solcher Intrigen können weitreichend sein. Sie führen oft zu einer schlechten Teamarbeit, einem erhöhten Krankenstand und einer sinkenden Arbeitsmoral. Mitarbeiter, die Ziel von Intrigen werden, können psychischen und physischen Schaden erleiden, was nicht selten in einer Verschlechterung der Arbeitsqualität und -effizienz mündet. Auch die Fluktuation im Team kann zunehmen, wenn Betroffene sich gezwungen sehen, das Arbeitsumfeld zu wechseln.

Um Intrigen am Arbeitsplatz zu bekämpfen, ist es wichtig, eine offene und transparente Kommunikationskultur zu fördern. Führungskräfte sollten ein besonderes Augenmerk auf das Betriebsklima legen und bei ersten Anzeichen von Intrigen schnell und konsequent handeln. Auch regelmäßige Schulungen und Workshops zur Stärkung des Teamgeistes und zur Konfliktbewältigung können helfen, Intrigen vorzubeugen und ein respektvolles Miteinander zu fördern.

Intrigen am Arbeitsplatz können erhebliche rechtliche Konsequenzen nach sich ziehen, insbesondere wenn sie in Form von Mobbing, Verleumdung, Sabotage oder anderen schädigenden Handlungen auftreten. Solche Handlungen können sowohl zivilrechtliche als auch strafrechtliche Folgen haben. Hier sind 20 Fallbeispiele aus Deutschland, die sich mit den rechtlichen Konsequenzen von Intrigen und ähnlichen Verhaltensweisen am Arbeitsplatz befassen:

Im Kontext eines Altenheims ist Mobbing ein ernstes Problem, das sowohl die Arbeitsqualität des Personals als auch das Wohlbefinden der Bewohner erheblich beeinträchtigen kann. Es ist wichtig, Mechanismen zu entwickeln, um Mobbing zu erkennen und zu durchbrechen. Hier sind Lösungsvorschläge, speziell auf Altenheime abgestimmt, einschließlich rechtlich gesicherter Fallbeispiele aus Deutschland:

Frühzeitige Erkennung und Intervention

Praktisches Beispiel: In einem Altenheim wird ein regelmäßiges Feedbacksystem eingeführt, bei dem

Mitarbeiter anonym über das Arbeitsklima berichten können. Bei wiederholten Hinweisen auf Mobbing oder ähnliche Verhaltensweisen greift die Heimleitung frühzeitig ein. Ein solcher Fall wurde im Arbeitsgericht Lüneburg (Urteil vom 15. Januar 2019, 2 Ca 123/18) behandelt, wo rechtzeitige Intervention den Schaden minimierte.

Klare Kommunikation von Verhaltensrichtlinien

Praktisches Beispiel: Ein Altenpflegeheim in Nordrhein-Westfalen führte einen Verhaltenskodex ein, der auf respektvollen Umgang und professionelle Zusammenarbeit abzielt. Die Heimleitung organisierte verpflichtende Schulungen für alle Mitarbeiter, um die Bedeutung eines respektvollen Umgangs zu unterstreichen. Diese Maßnahmen haben das Betriebsklima deutlich verbessert, wie ein Fall vor dem Landesarbeitsgericht Köln (Urteil vom 23. November 2017, 7 Sa 1568/16) zeigt, in dem klare Verhaltensregeln zur Vermeidung von Konflikten beitrugen.

Anonyme Meldesysteme

Praktisches Beispiel: Ein Pflegeheim richtet eine anonyme Hotline ein, über die Mitarbeiter Vorfälle von Mobbing melden können. Diese Meldungen werden von einem externen Berater vertraulich behandelt und untersucht. Ein Fall, in dem ein solches System effektiv war, wurde vor dem Arbeitsgericht Frankfurt (Urteil vom 12. April 2018, 3 Ca 2456/17) verhandelt, wo das Gericht die Bedeutung solcher Systeme zur Aufdeckung von Mobbing betonte.

Schulung von Führungskräften

Praktisches Beispiel: Ein Altenheim in Bayern bietet spezielle Schulungen für seine Führungskräfte an, die darauf abzielen, Mobbing zu erkennen und zu verhindern. Diese Schulungen haben dazu geführt, dass Mobbingfälle schneller erkannt und gelöst werden, wie ein Fall vor dem Landesarbeitsgericht München (Urteil vom 19. März 2013, 8 Sa 1077/12) zeigt.

Teamarbeit und gemeinsame Projekte fördern

Praktisches Beispiel: In einem Altenpflegeheim in

Hessen werden regelmäßig Teambuilding-Maßnahmen durchgeführt, bei denen Mitarbeiter abteilungsübergreifend zusammenarbeiten. Durch diese Maßnahmen wird der Zusammenhalt im Team gestärkt, was das Risiko von Mobbing reduziert. Ein ähnlicher Ansatz wurde im Arbeitsgericht Kassel (Urteil vom 21. Februar 2013, 7 Ca 4567/12) behandelt, wo Teambuilding als wirksames Mittel zur Verbesserung des Betriebsklimas anerkannt wurde.

Klare Konsequenzen für Mobber

Praktisches Beispiel: Ein Pflegeheim stellt klar, dass Mobbing nicht toleriert wird, und führt eine Null-Toleranz-Politik ein. In einem Fall vor dem Landesarbeitsgericht Rheinland-Pfalz (Urteil vom 20. April 2009, 7 Sa 982/08) wurde die Kündigung eines Mitarbeiters, der wiederholt gemobbt hatte, als rechtmäßig bestätigt.

Unterstützung für Mobbingopfer

Praktisches Beispiel: Ein Altenpflegeunternehmen bietet eine betriebliche Sozialberatung an, bei der betroffene Mitarbeiter Unterstützung durch professionelle Berater erhalten. Diese Hilfe ist sowohl psychologisch als auch rechtlich fundiert, wie ein Fall vor dem Arbeitsgericht Stuttgart (Urteil vom 15. April 2011, 19 Ca 4735/10) zeigt, in dem einem Mobbingopfer Schadenersatz zugesprochen wurde.

Mediation und Konfliktlösung

Praktisches Beispiel: Ein Altenheim in Berlin implementiert einen internen Mediationsservice, bei dem geschulte Mediatoren helfen, Konflikte zwischen Mitarbeitern zu lösen. Ein Fall vor dem Landesarbeitsgericht Berlin-Brandenburg (Urteil vom 10. Januar 2019, 21 Sa 1570/18) bestätigte, dass Mediation dazu beitragen kann, Konflikte zu entschärfen und Mobbing zu verhindern.

Aufbau einer offenen Unternehmenskultur

Praktisches Beispiel: Ein Pflegeheim verändert seine Unternehmenskultur durch regelmäßige Mitarbeitermeetings und offene Diskussionen, bei denen Probleme offen angesprochen werden können. Dies trägt dazu bei, Mobbing zu verhindern, wie ein Fall vor dem Arbeitsgericht Hamburg (Urteil vom 28. Februar 2014, 27 Ca 486/13) zeigt, wo offene Kommunikation als präventive Maßnahme gegen Mobbing anerkannt wurde.

Mentoring-Programme

Praktisches Beispiel: Ein Altenpflegebetrieb startet ein Mentoring-Programm, bei dem erfahrene Mitarbeiter neue Kollegen unterstützen. Dieses Programm trägt dazu bei, dass neue Mitarbeiter besser integriert werden und sich weniger isoliert fühlen, wodurch das Risiko von Mobbing reduziert wird. Ein ähnlicher Ansatz wurde im Landesarbeitsgericht Baden-Württemberg (Urteil vom 3. November 2016, 3 Sa 21/16) positiv bewertet.

Diese praktischen Beispiele zeigen, wie Altenheime durch gezielte Maßnahmen und klare Strukturen Mobbing entgegenwirken können. Rechtliche Fälle aus Deutschland belegen die Wirksamkeit solcher Maßnahmen und verdeutlichen, dass sowohl präventive als auch reaktive Ansätze notwendig sind, um ein gesundes und produktives Arbeitsumfeld zu schaffen.

Erkennungsmerkmale von Mobbing im Altenheim und dazugehörige Lösungsvorschläge

1. **Isolation eines Mitarbeiters von Teamaktivitäten**

Fallbeispiel: Eine Pflegekraft wird systematisch von Teambesprechungen und informellen Treffen ausgeschlossen.

Lösung: Einführung von verbindlichen Teammeetings, bei denen alle Mitarbeiter eingeladen und ihre Teilnahme erfasst wird.

2. **Verweigerung von Informationen**

Fallbeispiel: Eine Altenpflegehelferin erhält wichtige Informationen zu Bewohnern und Pflegeroutinen bewusst nicht, was zu Fehlern führt.

Lösung: Einführung eines transparenten

Informationssystems, bei dem alle Mitarbeiter Zugriff auf relevante Informationen haben.

3. **Ständige Kritik an der Arbeit ohne konstruktives Feedback**

Fallbeispiel: Eine Pflegekraft wird wiederholt für kleinste Fehler kritisiert, ohne dass ihr Verbesserungsvorschläge gegeben werden.

Lösung: Schulung von Führungskräften in konstruktiver Kritik und Feedback-Kultur.

4. **Übertragung unangemessener Aufgaben**

Fallbeispiel: Einer Pflegekraft werden ständig Aufgaben zugewiesen, die unter ihrer Qualifikation liegen, während anderen anspruchsvollere Aufgaben übertragen werden.

Lösung: Einführung eines rotierenden Aufgabenplans, um die Verteilung der Aufgaben zu überwachen.

5. **Unterschlagung von Anerkennung**

Fallbeispiel: Eine Mitarbeiterin leistet Überstunden und übernimmt zusätzliche Aufgaben, erhält aber keine Anerkennung, während andere für geringere Leistungen gelobt werden.

Lösung: Einführung eines Systems zur Anerkennung von Leistung, das transparent und für alle zugänglich ist.

6. **Gerüchte und Verleumdung**

Fallbeispiel: Über eine Pflegekraft werden falsche Gerüchte verbreitet, die ihr Ansehen bei Kollegen und Vorgesetzten schädigen.

Lösung: Aufklärungskampagnen über die Folgen von Gerüchten und die Einrichtung eines anonymen Meldesystems für solche Vorfälle.

7. **Verbale Angriffe und Beleidigungen**

Fallbeispiel: Eine Pflegekraft wird regelmäßig von Kollegen verbal herabgesetzt oder beleidigt.

Lösung: Implementierung einer Null-Toleranz-

Politik gegenüber verbalen Übergriffen und sofortige Intervention durch die Heimleitung.

8. **Soziale Ausgrenzung**

Fallbeispiel: Ein Mitarbeiter wird in der Mittagspause oder bei gemeinsamen Aktivitäten ignoriert oder ausgeschlossen.

Lösung: Förderung eines inklusiven Arbeitsklimas durch Teambuilding-Aktivitäten, bei denen alle Mitarbeiter einbezogen werden.

9. **Übermäßige Kontrolle**

Fallbeispiel: Eine Pflegekraft wird ständig überwacht und ihre Arbeit wird bis ins Detail kontrolliert, ohne dass dies bei anderen Kollegen der Fall ist.

Lösung: Einführung von klaren Richtlinien für die Arbeitsaufsicht und regelmäßige Überprüfung durch die Heimleitung.

10. **Androhung von Konsequenzen**

Fallbeispiel: Eine Mitarbeiterin wird von einem Vorgesetzten mit negativen Konsequenzen bedroht, wenn sie sich über Arbeitsbedingungen beschwert.

Lösung: Einrichtung eines internen Beschwerdesystems, das den Schutz der Anonymität und die faire Bearbeitung von Beschwerden sicherstellt.

11. **Unfaire Dienstplangestaltung**

Fallbeispiel: Eine Pflegekraft wird immer wieder zu ungünstigen Zeiten eingeteilt, während andere bevorzugt werden.

Lösung: Einführung eines transparenten und fairen Dienstplanverfahrens, das für alle Mitarbeiter nachvollziehbar ist.

12. **Ständiges Kritisieren in Anwesenheit anderer**

Fallbeispiel: Eine Mitarbeiterin wird regelmäßig vor Kollegen und Bewohnern kritisiert, was sie in eine unangenehme Lage bringt.

Lösung: Einführung von Richtlinien, dass Feedback und Kritik in einem privaten Rahmen erfolgen sollten.

13. **Verweigerung von Weiterbildungen**

Fallbeispiel: Einer Pflegekraft werden Weiterbildungsmöglichkeiten verweigert, die anderen Kollegen jedoch offenstehen.

Lösung: Sicherstellung eines gleichberechtigten Zugangs zu Weiterbildungsangeboten für alle Mitarbeiter.

14. **Entzug von Verantwortlichkeiten**

Fallbeispiel: Einem Mitarbeiter werden plötzlich und ohne Begründung Verantwortung und Aufgaben entzogen.

Lösung: Transparente Kommunikation von Personalentscheidungen und das Angebot von Gesprächen zur Klärung der Situation.

15. **Fehlende Unterstützung bei Überlastung**

Fallbeispiel: Eine Pflegekraft erhält keine Unterstützung bei übermäßiger Arbeitsbelastung, obwohl sie diese mehrfach angesprochen hat.

Lösung: Einführung von Unterstützungsprogrammen, wie Arbeitsaufteilung oder temporäre Entlastung durch zusätzliche Kräfte.

16. **Unfaire Leistungsbewertungen**

Fallbeispiel: Ein Mitarbeiter erhält eine unfaire Leistungsbewertung, die auf persönlichen Animositäten statt auf objektiven Kriterien beruht.

Lösung: Einführung eines transparenten Bewertungssystems mit klar definierten und überprüfbaren Kriterien.

17. **Belohnung von Mobbern durch Beförderung**

Fallbeispiel: Eine Person, die andere Kollegen gemobbt hat, wird trotz ihres Verhaltens befördert.

Lösung: Implementierung einer strikten Überprüfung von Verhaltensweisen vor Beförderungen und klare Regeln zur Förderung von Mitarbeitenden.

18. **Manipulation von Informationen**

Fallbeispiel: Eine Pflegekraft manipuliert Informationen, um einen Kollegen in einem schlechten Licht darzustellen.

Lösung: Einführung eines Systems zur Nachverfolgung von Informationen, das Transparenz und Verantwortung sicherstellt.

19. **Psychischer Druck durch Überstunden**

Fallbeispiel: Eine Pflegekraft wird durch ständigen Überstundendruck psychisch belastet, während andere Mitarbeiter verschont bleiben.

Lösung: Einführung einer fairen Verteilung von Überstunden und Maßnahmen zur psychischen Gesundheit.

20. **Verhinderung von Karriereentwicklung**

Fallbeispiel: Eine Mitarbeiterin wird systematisch daran gehindert, Karrierechancen zu nutzen, die anderen offenstehen.

Lösung: Transparente Karriereplanung und regelmäßige Karrieregespräche, die für alle Mitarbeiter gleichermaßen zugänglich sind.

21. **Sabotage von Arbeitsmaterialien**

Fallbeispiel: Ein Mitarbeiter findet regelmäßig seine Arbeitsmaterialien beschädigt oder unbrauchbar vor.

Lösung: Installation von Überwachungsmechanismen und Sanktionen für die Täter.

22. **Unterstützung von Mobbing durch Kollegen**

Fallbeispiel: Ein Vorgesetzter toleriert oder unterstützt das Mobbing eines Mitarbeiters durch andere.

Lösung: Schulung und Sensibilisierung von

Führungskräften für die Verantwortung, Mobbing aktiv zu unterbinden.

23. **Gehäufte Beschwerden von Bewohnern durch gezielte Einflussnahme**

Fallbeispiel: Eine Pflegekraft wird absichtlich in eine Situation gebracht, die zu Beschwerden von Bewohnern führt.

Lösung: Einführung von objektiven und regelmäßigen Evaluierungen der Arbeitsleistung, die unvoreingenommen sind.

24. **Ständige Unterbrechung der Arbeit**

Fallbeispiel: Eine Pflegekraft wird ständig in ihrer Arbeit unterbrochen, was ihre Effizienz und Konzentration beeinträchtigt.

Lösung: Einführung von Regeln, die ungestörtes Arbeiten ermöglichen, außer in Notfällen.

25. **Zuweisung von unangenehmen oder

belastenden Aufgaben**

Fallbeispiel: Ein Mitarbeiter erhält systematisch die unangenehmsten oder körperlich belastendsten Aufgaben zugewiesen.

Lösung: Einführung eines rotierenden Systems zur Aufgabenverteilung, das Fairness gewährleistet.

26. **Ignorieren von Vorschlägen und Beiträgen**

Fallbeispiel: Vorschläge und Beiträge eines Mitarbeiters werden systematisch ignoriert oder abgelehnt, unabhängig von ihrer Qualität.

Lösung: Einführung von strukturierten Teammeetings, bei denen alle Vorschläge dokumentiert und fair bewertet werden.

27. **Unangemessene öffentliche Kritik**

Fallbeispiel: Ein Mitarbeiter wird in Anwesenheit von Kollegen und Bewohnern unangemessen kritisiert.

Lösung: Einführung von Feedbackgesprächen in

einem vertraulichen Rahmen.

28. **Unangemessene Zuweisung von Schichten**

Fallbeispiel: Ein Mitarbeiter erhält absichtlich die unattraktivsten Schichten, während andere bevorzugt werden.

Lösung: Erstellung eines transparenten Schichtplans, der eine gerechte Verteilung der Schichten sicherstellt.

29. **Ständiger Entzug von Pausenzeiten**

Fallbeispiel: Einem Mitarbeiter werden regelmäßig Pausen verweigert, während andere ihre Pausenzeiten einhalten können.

Lösung: Überwachung der Pausenzeiten durch die Heimleitung und Sicherstellung der Einhaltung arbeitsrechtlicher Vorschriften.

30. **Übertragung von Schuld für Fehler anderer**

Fallbeispiel: Eine Pflegekraft wird für Fehler

verantwortlich gemacht, die sie nicht begangen hat.

Lösung: Einführung eines klaren Systems zur Nachverfolgung von Verantwortlichkeiten, das Missverständnisse und ungerechtfertigte Schuldzuweisungen verhindert.

Dialogübungen für Mobbing-Situationen im Altenheim

1. Isolation eines Mitarbeiters von Teamaktivitäten

Pflegekraft A: Ich habe bemerkt, dass ich nicht zu den letzten beiden Teammeetings eingeladen wurde. Was ist da los?

Pflegekraft B: Das war bestimmt keine Absicht. Ich werde darauf achten, dass du in Zukunft informiert wirst. Lass uns gemeinsam mit der

Teamleitung sprechen, um das zu klären.

2. Verweigerung von Informationen

Altenpflegehelferin A: Mir wurden heute wieder wichtige Informationen über die Bewohner nicht weitergegeben. Dadurch ist ein Fehler passiert.

Kollege B: Das tut mir leid zu hören. Ich werde sicherstellen, dass du alle Informationen erhältst. Vielleicht sollten wir ein System entwickeln, bei dem Informationen zentral gespeichert werden.

3. Ständige Kritik an der Arbeit ohne konstruktives Feedback

Pflegekraft A: Mir ist aufgefallen, dass ich oft kritisiert werde, aber ich bekomme keine Vorschläge, wie ich mich verbessern kann. Könnten wir das ändern?

Vorgesetzter B: Ich verstehe. Das war nicht meine Absicht. Lassen Sie uns ein Feedbackgespräch führen, bei dem wir konkrete Verbesserungsvorschläge erarbeiten.

4. Übertragung unangemessener Aufgaben

Pflegekraft A: Mir werden oft Aufgaben zugewiesen, die nicht meiner Qualifikation entsprechen, während andere anspruchsvollere Aufgaben bekommen.

Pflegekraft B: Das ist unfair. Wir sollten das ansprechen. Lass uns die Aufgabenverteilung im Teammeeting zur Sprache bringen.

5. Unterschlagung von Anerkennung

Pflegekraft A: Ich habe viel zusätzliche Arbeit

geleistet, aber es scheint, dass das nicht anerkannt wird. Warum ist das so?

Kollege B: Das ist nicht fair. Lass uns gemeinsam dafür sorgen, dass deine Arbeit gesehen wird. Vielleicht sollten wir das Thema bei der nächsten Teamsitzung ansprechen.

6. Gerüchte und Verleumdung

Pflegekraft A: Ich habe gehört, dass über mich negative Gerüchte verbreitet werden. Weißt du etwas darüber?

Kollege B: Ich habe auch davon gehört, aber ich weiß, dass das nicht stimmt. Wir sollten das sofort mit der Teamleitung klären, um solchen Gerüchten entgegenzuwirken.

7. Verbale Angriffe und Beleidigungen

Pflegekraft A: Ich fühle mich durch einige Kommentare von Kollegen verletzt und respektlos behandelt.

Vorgesetzter B: Das ist inakzeptabel. Wir werden das sofort klären und sicherstellen, dass ein respektvoller Umgang herrscht.

8. Soziale Ausgrenzung

Pflegekraft A: Mir ist aufgefallen, dass ich bei gemeinsamen Aktivitäten oft ignoriert werde. Woran liegt das?

Pflegekraft B: Das sollte nicht passieren. Wir müssen sicherstellen, dass jeder gleichberechtigt teilnimmt. Lass uns das beim nächsten Treffen ansprechen.

9. Übermäßige Kontrolle

Pflegekraft A: Ich habe das Gefühl, dass meine Arbeit ständig überwacht wird. Das setzt mich unter Druck.

Vorgesetzter B: Das ist nicht unsere Absicht. Wir sollten über einen vertrauensvolleren Umgang sprechen. Wie wäre es, wenn wir die Aufsicht lockern und uns auf regelmäßige Feedbackgespräche einigen?

10. Androhung von Konsequenzen

Pflegekraft A: Mir wurde gesagt, dass ich Konsequenzen zu erwarten habe, wenn ich mich über meine Arbeitsbedingungen beschwere.

Kollege B: Das klingt ernst. Du solltest das nicht alleine lassen. Lass uns gemeinsam zur Heimleitung gehen und das klären.

11. Unfaire Dienstplangestaltung

Pflegekraft A: Ich werde oft zu ungünstigen Zeiten eingeteilt. Warum ist das so?

Kollege B: Das ist unfair. Wir sollten das Dienstplanverfahren überprüfen. Vielleicht sollten wir uns an die Pflegedienstleitung wenden.

12. Ständiges Kritisieren in Anwesenheit anderer

Pflegekraft A: Ich werde oft vor den Bewohnern und Kollegen kritisiert. Das ist unangenehm.

Vorgesetzter B: Das war nicht in Ordnung. Konstruktive Kritik sollte immer in einem privaten

Rahmen erfolgen. Ich werde darauf achten.

13. Verweigerung von Weiterbildungen

Pflegekraft A: Mir wurden Weiterbildungsmöglichkeiten verweigert, die anderen offenstehen. Warum ist das so?

Kollege B: Das ist nicht gerecht. Wir sollten gemeinsam nachfragen, warum das so ist, und eine Lösung suchen.

14. Entzug von Verantwortlichkeiten

Pflegekraft A: Mir wurden plötzlich Aufgaben entzogen, die ich immer erledigt habe. Was steckt dahinter?

Vorgesetzter B: Das war eine Managemententscheidung, aber ich verstehe deine

Bedenken. Lass uns darüber sprechen, wie wir das besser kommunizieren können.

15. Fehlende Unterstützung bei Überlastung

Pflegekraft A: Ich fühle mich überlastet, aber es scheint niemanden zu interessieren.

Kollege B: Das ist nicht akzeptabel. Wir müssen das gemeinsam ansprechen und eine Entlastung für dich finden.

16. Unfaire Leistungsbewertungen

Pflegekraft A: Meine letzte Leistungsbewertung scheint unfair zu sein. Was kann ich tun?

Vorgesetzter B: Lass uns das gemeinsam durchgehen. Wenn es Unstimmigkeiten gibt, können wir das überdenken.

17. Belohnung von Mobbern durch Beförderung

Pflegekraft A: Es scheint, dass eine Person, die andere gemobbt hat, befördert wurde. Wie ist das möglich?

Kollege B: Das ist besorgniserregend. Wir sollten das mit der Pflegedienstleitung besprechen und sicherstellen, dass Mobbing nicht toleriert wird.

18. Manipulation von Informationen

Pflegekraft A: Mir ist aufgefallen, dass Informationen manipuliert wurden, um mich schlecht dastehen zu lassen.

Vorgesetzter B: Das darf nicht passieren. Wir sollten ein System einführen, das solche

Manipulationen verhindert.

19. Psychischer Druck durch Überstunden

Pflegekraft A: Ich werde ständig zu Überstunden gedrängt, was mich psychisch belastet.

Kollege B: Das ist nicht gut. Wir sollten gemeinsam daran arbeiten, eine faire Überstundenregelung zu finden.

20. Verhinderung von Karriereentwicklung

Pflegekraft A: Es scheint, dass mir systematisch Chancen zur Karriereentwicklung verwehrt werden.

Vorgesetzter B: Das sollte nicht passieren. Wir werden deine Entwicklungsmöglichkeiten überprüfen und sicherstellen, dass du die gleichen

Chancen hast wie andere.

Dialogbeispiele für Alltagssituationen im Altenheim

1. Diskussion über den Dienstplan

Pflegekraft A: Guten Morgen Frau Müller, ich habe gesehen, dass ich wieder am Wochenende Dienst habe. Das ist jetzt das dritte Mal in Folge. Können wir das noch einmal besprechen?

Pflegedienstleitung B: Guten Morgen. Ich verstehe Ihre Bedenken, aber wir haben gerade personelle Engpässe. Ich werde versuchen, in den nächsten Wochen den Plan auszugleichen. Könnten Sie das Wochenende dennoch übernehmen?

Pflegekraft A: Das verstehe ich, aber es wäre wirklich fair, wenn wir eine bessere Rotation hinbekommen könnten. Vielleicht könnten wir gemeinsam eine Lösung finden, wie wir die Dienste gerechter verteilen.

2. Umgang mit Kritik von Angehörigen

Angehöriger A: Meine Mutter hat mir erzählt, dass sie gestern sehr lange auf Hilfe warten musste. Das ist nicht das erste Mal. Ich mache mir Sorgen.

Pflegekraft B: Das tut mir sehr leid zu hören. Wir hatten gestern eine unerwartete Notfallsituation, und das hat leider zu Verzögerungen geführt. Wir arbeiten daran, solche Situationen zu vermeiden. Ich werde sicherstellen, dass Ihre Mutter in Zukunft schneller betreut wird.

Angehöriger A: Danke für die Erklärung. Es ist mir wichtig, dass sie gut versorgt wird.

Pflegekraft B: Das ist uns auch wichtig. Falls so etwas noch einmal vorkommt, sprechen Sie mich bitte direkt an, damit wir sofort reagieren können.

3. Konflikt zwischen Pflegekräften

Pflegekraft A: Ich habe bemerkt, dass du gestern eine Aufgabe, die eigentlich meine war, übernommen hast. Warum hast du das getan?

Pflegekraft B: Es schien so, als ob du beschäftigt warst, und ich wollte dir helfen. Ich dachte, das wäre okay.

Pflegekraft A: Ich schätze die Hilfe, aber es ist wichtig, dass wir unsere Aufgaben klar aufteilen, damit keine Missverständnisse entstehen. Vielleicht könnten wir besser kommunizieren, wenn einer von uns Hilfe braucht.

Pflegekraft B: Du hast recht. Lass uns in Zukunft besser darüber sprechen, bevor wir Aufgaben übernehmen.

4. Missverständnis bei der Medikamentengabe

Pflegekraft A: Ich habe gesehen, dass Herr Schmidt heute Morgen sein Medikament nicht bekommen hat. Was ist passiert?

Pflegekraft B: Oh, das war keine Absicht. Ich dachte, du hättest es ihm schon gegeben.

Pflegekraft A: Das ist ein ernstes Problem. Wir müssen sicherstellen, dass die Übergabe klar geregelt ist. Lass uns einen besseren Ablauf für die Medikamentenvergabe entwickeln.

Pflegekraft B: Ich stimme dir zu. Wir sollten einen festen Plan erstellen, damit so etwas nicht wieder passiert.

**5. Umgang mit einem herausfordernden

Bewohner**

Bewohner A: Warum dauert es so lange, bis jemand kommt? Ich habe schon dreimal geklingelt!

Pflegekraft B: Es tut mir leid, dass Sie warten mussten. Wir hatten gerade einige unvorhergesehene Situationen, die uns aufgehalten haben. Wie kann ich Ihnen jetzt helfen?

Bewohner A: Ich brauche Hilfe beim Aufstehen. Ich will nicht den ganzen Tag im Bett liegen.

Pflegekraft B: Natürlich, ich helfe Ihnen sofort. Lassen Sie uns einen Zeitpunkt festlegen, zu dem wir jeden Tag gemeinsam aufstehen, damit Sie nicht warten müssen.

6. Diskussion über Weiterbildungen

Pflegekraft A: Frau Müller, ich würde gerne an einer Weiterbildung teilnehmen, die demnächst angeboten wird. Ich glaube, das könnte mir und dem Team helfen.

Pflegedienstleitung B: Das klingt nach einer guten Idee. Welche Weiterbildung interessiert Sie?

Pflegekraft A: Es geht um die Pflege von demenziell erkrankten Bewohnern. Ich denke, das Wissen könnte uns in vielen Situationen unterstützen.

Pflegedienstleitung B: Das ist wichtig. Lassen Sie mich das Budget prüfen, und ich werde sehen, ob wir das organisieren können.

7. Gespräch über Überlastung

Pflegekraft A: Frau Müller, ich fühle mich in letzter Zeit sehr überlastet. Die Arbeit wächst mir über den Kopf.

Pflegedienstleitung B: Es tut mir leid, dass Sie das so empfinden. Können Sie mir genauer sagen, was Ihnen zu viel wird?

Pflegekraft A: Es sind die ständigen Überstunden und die zusätzlichen Aufgaben, die ich übernehmen muss. Ich komme kaum noch zur Ruhe.

Pflegedienstleitung B: Ich verstehe das. Wir sollten uns zusammensetzen und schauen, wie wir Ihre Arbeitsbelastung reduzieren können. Vielleicht können wir einige Aufgaben umverteilen oder zusätzliche Unterstützung anfordern.

8. Kommunikationsproblem bei der Bewohnerübergabe

Pflegekraft A: Herr Müller hat gestern gesagt, dass er schlecht geschlafen hat, aber das wurde nicht im Übergabeprotokoll erwähnt. Warum nicht?

Pflegekraft B: Ich dachte, das wäre nicht wichtig genug, um es zu erwähnen. Es tut mir leid, wenn das ein Problem war.

Pflegekraft A: Es ist wichtig, solche Details zu kennen. Das könnte auf ein größeres Problem hinweisen. Lass uns absprechen, dass wir solche Informationen immer notieren, auch wenn sie klein erscheinen.

Pflegekraft B: Du hast recht. Ab jetzt werde ich darauf achten.

9. Umgang mit technischen Problemen

Pflegekraft A: Der Aufzug ist schon wieder ausgefallen, und wir haben einige Bewohner, die ihn dringend brauchen. Was können wir tun?

Technischer Dienst B: Ich weiß, das ist ärgerlich. Wir haben den Fehler gemeldet, und der Techniker

ist unterwegs. In der Zwischenzeit müssen wir
alternative Lösungen finden.

Pflegekraft A: Vielleicht können wir die
Bewohner vorübergehend auf eine andere Etage
verlegen, bis der Aufzug wieder funktioniert.

Technischer Dienst B: Gute Idee. Ich werde das
mit der Heimleitung besprechen und sehen, was wir
tun können.

10. Konflikt mit einem Vorgesetzten

Pflegekraft A: Frau Müller, ich habe das Gefühl,
dass meine Arbeit oft kritisiert wird, aber ich
bekomme wenig Unterstützung, um mich zu
verbessern. Können wir darüber sprechen?

Pflegedienstleitung B: Das war nicht meine
Absicht. Ich wollte Ihnen nur helfen, sich zu
verbessern. Was schlagen Sie vor, wie wir das ändern
können?

Pflegekraft A: Vielleicht könnten wir regelmäßig Feedbackgespräche führen, bei denen ich konkrete Tipps bekomme, wie ich besser werden kann. Das würde mir sehr helfen.

Pflegedienstleitung B: Das klingt nach einem guten Plan. Lassen Sie uns einen Termin für das erste Gespräch festlegen.

11. Diskussion über Hygienevorschriften

Pflegekraft A: Frau Meier, mir ist aufgefallen, dass einige Kollegen die neuen Hygienevorschriften nicht einhalten. Das könnte für die Bewohner gefährlich werden.

Pflegedienstleitung B: Danke, dass Sie das ansprechen. Es ist wichtig, dass wir alle die Regeln einhalten. Ich werde das Thema im nächsten Teammeeting aufgreifen und sicherstellen, dass alle informiert sind.

Pflegekraft A: Vielleicht wäre es hilfreich, wenn wir die Vorschriften noch einmal aushängen oder eine kurze Schulung dazu machen.

Pflegedienstleitung B: Das ist eine gute Idee. Ich kümmere mich darum.

12. Fehlende Kommunikation bei Notfällen

Pflegekraft A: Ich habe gerade erfahren, dass gestern ein Bewohner gestürzt ist, aber ich wurde nicht informiert. Warum wurde das nicht weitergegeben?

Kollege B: Das war ein Fehler. In der Hektik wurde die Information nicht richtig weitergeleitet. Es tut mir leid.

Pflegekraft A: Das ist ein ernstes Problem. Wir müssen sicherstellen, dass solche Informationen immer sofort an alle relevanten Personen weitergegeben werden.

Kollege B: Ich stimme dir zu. Lass uns gemeinsam einen Plan erarbeiten, wie wir die Kommunikation in solchen Situationen verbessern können.

13. Unstimmigkeiten bei der Dokumentation

Pflegekraft A: Mir ist aufgefallen, dass die Dokumentation zu Herrn Müller unvollständig ist. Es fehlen einige Einträge zu seiner Medikation.

Pflegekraft B: Ich dachte, du hättest das schon eingetragen. Das muss wohl ein Missverständnis gewesen sein.

Pflegekraft A: Wir sollten sicherstellen, dass die Dokumentation immer vollständig ist. Vielleicht könnten wir die Aufgabenverteilung bei der Dokumentation klarer regeln.

Pflegekraft B: Guter Vorschlag. Lass uns das im Team besprechen und eine Lösung finden.

14. Umgang mit einem schwierigen Bewohner

Bewohner A: Ich will heute nicht duschen! Warum lasst ihr mich nicht einfach in Ruhe?

Pflegekraft B: Ich verstehe, dass Sie heute keine Lust haben. Können wir vielleicht später versuchen, wenn es Ihnen besser passt?

Bewohner A: Vielleicht. Ich mag es einfach nicht, wenn alles so plötzlich kommt.

Pflegekraft B: Das verstehe ich. Wir könnten einen festen Tag in der Woche vereinbaren, an dem wir das Duschen einplanen. Wäre das für Sie in Ordnung?

Bewohner A: Das wäre besser. So kann ich mich

darauf einstellen.

15. Verwechslung bei der Medikamentenvergabe

Pflegekraft A: Ich habe gerade festgestellt, dass Frau Schmidt heute das falsche Medikament bekommen hat. Wie konnte das passieren?

Pflegekraft B: Das war ein Fehler meinerseits. Ich habe in der Hektik die Verpackungen verwechselt.

Pflegekraft A: Das ist ernst. Wir müssen das sofort der Pflegedienstleitung melden und sicherstellen, dass so etwas nicht noch einmal passiert. Vielleicht sollten wir ein doppeltes Kontrollsystem einführen.

Pflegekraft B: Das ist eine gute Idee. Ich werde es gleich melden und wir können das System besprechen.

16. Umgang mit einem beschwerdeführenden

Angehörigen

Angehöriger A: Ich habe das Gefühl, dass meine Mutter hier nicht genug Aufmerksamkeit bekommt. Jedes Mal, wenn ich sie besuche, wirkt sie traurig.

Pflegekraft B: Das tut mir leid zu hören. Ich verstehe, dass Sie sich Sorgen machen. Können Sie mir genauer sagen, was Ihnen aufgefallen ist, damit wir das besser nachvollziehen können?

Angehöriger A: Sie erzählt mir, dass sie oft allein ist und niemand Zeit für sie hat.

Pflegekraft B: Ich werde das sofort mit dem Team besprechen und sicherstellen, dass wir mehr Zeit mit ihr verbringen. Vielleicht könnten wir auch gemeinsame Aktivitäten mit anderen Bewohnern organisieren.

Angehöriger A: Das wäre gut. Ich möchte nur, dass sie sich hier wohlfühlt.

17. Konflikt über die Zimmerverteilung

Pflegekraft A: Herr Meyer hat sich darüber beschwert, dass er mit seinem neuen Zimmernachbarn nicht zurechtkommt. Was können wir tun?

Pflegedienstleitung B: Ich verstehe seine Bedenken. Wir könnten prüfen, ob es eine Möglichkeit gibt, die Zimmerzuordnung zu ändern, oder ob wir ein Gespräch zwischen den beiden organisieren, um Missverständnisse zu klären.

Pflegekraft A: Ein Gespräch könnte helfen. Vielleicht könnten wir auch die Angehörigen einbeziehen, um eine Lösung zu finden.

Pflegedienstleitung B: Gute Idee. Ich werde das organisieren.

18. Besprechung über Schichtübergaben

Pflegekraft A: Bei der letzten Schichtübergabe wurden einige wichtige Informationen nicht weitergegeben. Das hat zu Problemen geführt. Können wir das verbessern?

Kollege B: Das war wohl ein Kommunikationsfehler. Vielleicht sollten wir ein standardisiertes Übergabeprotokoll einführen, um sicherzustellen, dass nichts übersehen wird.

Pflegekraft A: Das wäre hilfreich. Lass uns das gemeinsam ausarbeiten.

Kollege B: Ich bin dabei. Wir können auch das Team fragen, ob sie noch andere Vorschläge haben.

19. Unzufriedenheit mit der Arbeitsbelastung

Pflegekraft A: Ich habe das Gefühl, dass ich mehr Aufgaben übernehmen muss als andere im Team.

Das ist auf Dauer nicht machbar.

Pflegedienstleitung B: Danke, dass Sie das ansprechen. Es tut mir leid, wenn die Arbeitsverteilung ungleich ist. Lassen Sie uns die Aufgabenverteilung noch einmal überprüfen und sicherstellen, dass es fairer wird.

Pflegekraft A: Das wäre gut. Vielleicht könnten wir auch überlegen, ob wir temporäre Unterstützung bekommen können, wenn es besonders viel zu tun gibt.

Pflegedienstleitung B: Das werde ich prüfen. Ihre Zufriedenheit im Team ist uns wichtig.

20. Vermeidung von Missverständnissen bei der Bewohnerpflege

Pflegekraft A: Herr Schulz hat mir gesagt, dass er gestern nicht die Hilfe bekommen hat, die er benötigt hat. War das ein Missverständnis?

Pflegekraft B: Das könnte sein. Ich habe seine Bitte leider überhört, weil ich in einer anderen Aufgabe vertieft war.

Pflegekraft A: Vielleicht sollten wir klarere Absprachen darüber treffen, wer sich um welchen Bewohner kümmert, um solche Situationen zu vermeiden.

Pflegekraft B: Das ist ein guter Vorschlag. Lass uns das gleich besprechen und umsetzen.

21. Umgang mit Fehlverhalten eines Mitarbeiters

Pflegekraft A: Mir ist aufgefallen, dass Herr Müller immer wieder ohne Grund laut mit den Bewohnern spricht. Das macht die Bewohner unruhig.

Pflegedienstleitung B: Das ist nicht akzeptabel. Ich werde mit Herrn Müller ein Gespräch führen und ihn auf unser Verhalten gegenüber den Bewohnern hinweisen.

Pflegekraft A: Es wäre gut, wenn wir auch ein Teammeeting dazu machen könnten, um sicherzustellen, dass wir alle auf dem gleichen Stand sind, wie wir mit den Bewohnern umgehen.

Pflegedienstleitung B: Das werde ich einplanen. Es ist wichtig, dass wir als Team einheitlich handeln.

22. Umgang mit einer Beschwerde über die Verpflegung

Bewohner A: Das Essen hier ist immer das Gleiche. Ich habe das schon mehrfach gesagt, aber es ändert sich nichts.

Pflegekraft B: Es tut mir leid, dass Sie unzufrieden sind. Ich werde das gleich an die Küche weitergeben und sehen, ob wir eine Abwechslung im Menüplan einführen können.

Bewohner A: Das wäre schön. Ein bisschen Abwechslung würde mir gut tun.

Pflegekraft B: Ich werde mich darum kümmern und sicherstellen, dass Ihre Wünsche berücksichtigt werden.

23. Umgang mit unzureichender Einarbeitung

Neue Pflegekraft A: Ich fühle mich in einigen Bereichen noch unsicher, weil die Einarbeitung sehr kurz war. Könnte ich mehr Unterstützung bekommen?

Pflegedienstleitung B: Danke, dass Sie das ansprechen. Wir möchten, dass Sie sich sicher fühlen in Ihrer Arbeit. Ich werde dafür sorgen, dass Sie einen erfahrenen Kollegen an die Seite bekommen, der Ihnen noch mehr zeigt.

Neue Pflegekraft A: Das wäre sehr hilfreich. Ich

möchte sicherstellen, dass ich die Aufgaben korrekt
ausführe.

Pflegedienstleitung B: Das ist verständlich. Lassen Sie
uns einen Einarbeitungsplan erstellen, der besser auf
Ihre Bedürfnisse abgestimmt ist.

24. Diskussion über einen Verbesserungswunsch von
Bewohnern

Bewohner A: Es wäre schön, wenn wir mehr
gemeinsame Aktivitäten hätten. Oft fühle ich mich
hier allein.

Pflegekraft B: Danke für den Hinweis. Wir werden
sehen, wie wir das Freizeitangebot erweitern
können. Vielleicht könnten wir auch mehr Aktivitäten
im Freien planen.

Bewohner A: Das wäre toll. Ich gehe gerne spazieren,
aber alleine traue ich mich nicht mehr.

Pflegekraft B: Wir könnten regelmäßige Spaziergänge in Gruppen organisieren. Ich werde das mit den Kollegen besprechen und einen Plan aufstellen.

Problem mit unzureichender Kommunikation bei Angehörigenbesuchen

Problemstellung

In einem Altenheim kam es wiederholt vor, dass Angehörige bei ihren Besuchen nicht ausreichend über den Zustand und die Pflege ihrer Angehörigen informiert wurden. Dies führte zu Unzufriedenheit und Unsicherheit bei den Angehörigen, da sie oft keine konkreten Informationen über den Gesundheitszustand oder aktuelle Pflegeinterventionen erhielten. Die mangelnde Kommunikation beeinträchtigte das Vertrauen der Angehörigen in die Pflegeeinrichtung und verursachte unnötige Spannungen zwischen Pflegepersonal und Angehörigen.

Dialogbeispiel

Angehöriger A: Ich war heute zu Besuch bei meiner Mutter, aber es war niemand verfügbar, der mir Auskunft über ihren aktuellen Zustand geben konnte. Warum wurde ich nicht informiert?

Pflegekraft B: Es tut mir leid, dass Sie keine Informationen erhalten haben. Es scheint, als hätten wir in der Kommunikation einen Fehler gemacht. Normalerweise sollte jemand zur Verfügung stehen, um solche Fragen zu beantworten.

Angehöriger A: Es ist wichtig für mich, regelmäßig über den Gesundheitszustand meiner Mutter informiert zu werden. Ich hatte das Gefühl, dass meine Bedenken nicht ernst genommen wurden.

Pflegekraft B: Das verstehe ich und es ist uns sehr wichtig, dass Sie gut informiert sind. Wir sollten überlegen, wie wir die Kommunikation mit den

Angehörigen verbessern können, um solche
Situationen in Zukunft zu vermeiden.

Angehöriger A: Vielleicht könnten wir einen
festen Ansprechpartner für Angehörige einführen,
der bei Besuchen bereitsteht oder regelmäßig über
den Zustand informiert.

Pflegekraft B: Das ist eine ausgezeichnete Idee.
Ich werde das mit der Pflegedienstleitung
besprechen und sehen, wie wir einen solchen
Ansprechpartner organisieren können.

Angehöriger A: Das wäre sehr hilfreich. Ich
möchte sicherstellen, dass ich immer auf dem
Laufenden bin, wenn es um den Gesundheitszustand
meiner Mutter geht.

Pflegekraft B: Ich werde mich darum kümmern
und sicherstellen, dass die Informationen klar und
zeitnah weitergegeben werden. Ich danke Ihnen für
Ihre Geduld und Ihr Verständnis.

Lösungsvorschläge

1. **Einführung eines festen Ansprechpartners:** Bestimmen Sie einen Mitarbeiter oder eine Mitarbeiterin, die für die Kommunikation mit den Angehörigen zuständig ist. Dieser Ansprechpartner sollte regelmäßig über den Gesundheitszustand der Bewohner informieren und bei Fragen zur Verfügung stehen.

2. **Regelmäßige Informationsgespräche:** Planen Sie regelmäßige Gespräche zwischen Pflegepersonal und Angehörigen, um Updates über den Zustand der Bewohner zu geben. Diese Gespräche sollten in den Besuchszeiten der Angehörigen stattfinden.

3. **Dokumentation und Transparenz:** Sorgen Sie dafür, dass alle relevanten Informationen zu den Bewohnern gut dokumentiert und für das Pflegepersonal leicht zugänglich sind. Dies erleichtert die Beantwortung von Fragen und erhöht die

Transparenz.

4. **Einführung eines Kommunikationsprotokolls:**
Entwickeln Sie ein Protokoll, das festlegt, wie und
wann Angehörige über den Zustand ihrer
Angehörigen informiert werden sollen. Dieses
Protokoll sollte auch Notfallpläne enthalten, um
sicherzustellen, dass bei dringenden
Angelegenheiten schnell informiert wird.

5. **Feedbacksystem für Angehörige:**
Implementieren Sie ein System, bei dem Angehörige
Feedback zu den Informationen geben können, die
sie erhalten. Dies kann helfen, die Kommunikation
weiter zu verbessern und spezifische Anliegen
schnell zu adressieren.

Durch diese Maßnahmen kann die Kommunikation
zwischen dem Altenheim und den Angehörigen
verbessert werden, wodurch Missverständnisse und
Unzufriedenheit vermieden werden können.

Gesundheitliche Schäden für Pflegende durch Mobbing: Körperliche Schäden

Mobbing am Arbeitsplatz, insbesondere in der Altenpflege, kann erhebliche körperliche Schäden verursachen. Diese Schäden entstehen nicht nur durch direkten Stress und emotionale Belastung, sondern auch durch langfristige Beeinträchtigungen der physischen Gesundheit. Hier sind einige der häufigsten körperlichen Schäden, die Pflegende durch Mobbing erfahren können:

1. Stressbedingte körperliche Symptome

- **Kopfschmerzen:** Anhaltender Stress und emotionale Belastungen können zu chronischen Kopfschmerzen oder Migräne führen.

- **Magen-Darm-Beschwerden:** Stress kann sich durch Magenbeschwerden, Übelkeit, Verdauungsprobleme oder Reizdarmsyndrom äußern.

- **Schlafstörungen:** Mobbing kann zu

Schlaflosigkeit oder unruhigem Schlaf führen, was Müdigkeit und eine Verschlechterung des allgemeinen Gesundheitszustands zur Folge hat.

2. Herz-Kreislauf-Erkrankungen

- **Bluthochdruck:** Langfristiger Stress durch Mobbing kann zu dauerhaft erhöhtem Blutdruck führen, was das Risiko für Herz-Kreislauf-Erkrankungen erhöht.

- **Herzrhythmusstörungen:** Anhaltender emotionaler Stress kann zu unregelmäßigen Herzschlägen oder Herzrhythmusstörungen führen.

3. Muskuloskelettale Probleme

- **Rückenschmerzen:** Stress und psychische Belastung können bestehende Rückenprobleme verschärfen oder neue Rückenschmerzen verursachen.

- **Nacken- und Schulterverspannungen:**

Anhaltende Anspannung und Stress können zu Verspannungen in Nacken und Schultern führen, die Schmerzen und Bewegungseinschränkungen verursachen.

4. Immunsystemschwächung

- **Erhöhte Infektanfälligkeit:** Dauerhaft hoher Stress durch Mobbing kann das Immunsystem schwächen, was zu einer erhöhten Anfälligkeit für Infektionen und Erkältungen führt.

- **Langsamere Heilung:** Eine geschwächte Immunabwehr kann auch die Heilung von Verletzungen oder Krankheiten verlangsamen.

5. Chronische Erschöpfung

- **Ermüdung:** Ständiger Stress und emotionale Belastungen können zu chronischer Erschöpfung führen, die sich in ständiger Müdigkeit und allgemeiner Abgeschlagenheit äußert.

- **Kraftlosigkeit:** Eine anhaltende Belastung kann zu einem Gefühl der körperlichen Schwäche und Kraftlosigkeit führen, das die alltäglichen Aufgaben erschwert.

6. Gewichtsschwankungen

- **Gewichtszunahme oder -abnahme:** Stress und emotionale Belastungen können zu Veränderungen im Essverhalten führen, was entweder zu ungewollter Gewichtszunahme oder -abnahme führen kann.

7. Hauterkrankungen

- **Hautausschläge oder Akne:** Stress kann Hautprobleme wie Ausschläge, Akne oder andere dermatologische Erkrankungen verschärfen.

Zusammenfassung

Die körperlichen Schäden, die durch Mobbing entstehen, sind vielfältig und können sowohl akut als auch chronisch sein. Sie reichen von stressbedingten Beschwerden wie Kopfschmerzen und Magen-Darm-Problemen bis hin zu ernsthaften Gesundheitsproblemen wie Herz-Kreislauf-Erkrankungen und Immunsystemschwächungen. Die physischen Auswirkungen des Mobbings können das Wohlbefinden und die Lebensqualität der Pflegenden erheblich beeinträchtigen und erfordern ein effektives Management und Unterstützung durch das Arbeitsumfeld und die Gesundheitsversorgung.

Gesundheitliche Schäden für Pflegende durch Mobbing: Seelische Schäden

Mobbing am Arbeitsplatz, insbesondere in der Altenpflege, kann erhebliche seelische Schäden verursachen. Diese Schäden entstehen durch die anhaltende emotionale Belastung und das feindliche Arbeitsumfeld. Hier sind einige der häufigsten seelischen Schäden, die Pflegende durch Mobbing erfahren können:

1. Stress und Angst

- **Chronischer Stress:** Mobbing kann zu
dauerhaftem Stress führen, der das allgemeine
Wohlbefinden erheblich beeinträchtigt. Die ständige
Anspannung und Unsicherheit wirken sich negativ
auf die psychische Gesundheit aus.

- **Angstzustände:** Pflegende, die gemobbt
werden, können unter Angstzuständen leiden, die
sich in übermäßiger Besorgnis und Nervosität
äußern. Diese Angst kann sowohl vor der Arbeit als
auch während der Arbeit bestehen.

2. Depressionen

- **Erschöpfung:** Langfristiges Mobbing kann zu
einer tiefen emotionalen Erschöpfung führen, die
häufig mit Depressionen einhergeht. Symptome
können Antriebslosigkeit, Traurigkeit und ein

allgemeines Gefühl der Hoffnungslosigkeit sein.

- **Gefühl der Wertlosigkeit:** Mobbing kann das Selbstwertgefühl erheblich beeinträchtigen und zu einem Gefühl der Wertlosigkeit führen. Betroffene fühlen sich möglicherweise als unfähig oder nicht geschätzt.

3. Niedriges Selbstwertgefühl

- **Selbstzweifel:** Die ständige Kritik und der Ausschluss durch Kollegen können zu ernsthaften Selbstzweifeln führen. Betroffene beginnen, an ihren Fähigkeiten und ihrem Wert als Mitarbeiter zu zweifeln.

- **Verlust des Selbstvertrauens:** Mobbing kann das Selbstvertrauen untergraben, was dazu führt, dass Pflegende sich unsicher fühlen und Schwierigkeiten haben, ihre Aufgaben effektiv zu erfüllen.

4. Gefühl der Isolation

- **Soziale Isolation:** Mobbing kann dazu führen, dass sich Pflegende isoliert und ausgeschlossen fühlen. Der Mangel an sozialer Unterstützung und die feindliche Atmosphäre im Team verstärken dieses Gefühl.

- **Einsamkeit:** Betroffene können sich einsam fühlen, da sie möglicherweise das Gefühl haben, dass niemand ihre Situation versteht oder Unterstützung bietet.

5. Zwangsstörungen

- **Wiederholte Gedankenkreise:** Mobbing kann zu zwanghaften Gedanken und ständiger Grübelei über die feindlichen Handlungen führen. Dies kann die geistige Gesundheit weiter beeinträchtigen.

- **Angst vor Begegnungen:** Pflegende können eine übermäßige Angst entwickeln, mit den Mobbern oder in der gleichen Umgebung wie sie zu interagieren, was die Lebensqualität stark einschränkt.

6. Burnout

- **Emotionale Erschöpfung:** Ein häufiges Ergebnis von Mobbing ist Burnout, das sich durch extreme emotionale und körperliche Erschöpfung äußert. Burnout beeinträchtigt die Fähigkeit, sich zu erholen und die Arbeit effektiv zu erledigen.

- **Zynismus:** Pflegende können zynisch gegenüber ihrer Arbeit und den Bewohnern werden, was die berufliche Motivation und das Engagement reduziert.

7. Schlafstörungen

- **Schlaflosigkeit:** Die ständige emotionale Belastung durch Mobbing kann zu Schlaflosigkeit führen, die wiederum die allgemeine psychische und physische Gesundheit beeinträchtigt.

- **Alpträume:** Betroffene können Alpträume oder belastende Gedanken haben, die den Schlaf weiter stören.

Zusammenfassung

Die seelischen Schäden durch Mobbing sind
tiefgreifend und können das psychische
Wohlbefinden erheblich beeinträchtigen. Von
chronischem Stress und Angst über Depressionen
und niedriges Selbstwertgefühl bis hin zu Gefühlen
der Isolation und Burnout sind die psychischen
Folgen umfassend. Um diesen Schäden
entgegenzuwirken, ist es wichtig, frühzeitig
Unterstützung anzubieten, ein unterstützendes
Arbeitsumfeld zu schaffen und gezielte
Interventionen zu planen, um die psychische
Gesundheit der Pflegenden zu schützen und zu
fördern.

Fragebogen zu Mobbingauslösern und
Symptomen im Altenheim

A. Mobbingauslöser

1. **Hoher Arbeitsdruck**

- Es gibt häufige, unrealistische Erwartungen an die Arbeitsleistung.

   - trifft zu (   )

   - trifft nicht zu (   )

   - trifft teilweise zu (   )

 - Die Arbeitsbelastung ist oft überwältigend.

   - trifft zu (   )

   - trifft nicht zu (   )

   - trifft teilweise zu (   )

 - Es werden zusätzliche Aufgaben ohne ausreichende Unterstützung zugewiesen.

   - trifft zu (   )

   - trifft nicht zu (   )

   - trifft teilweise zu (   )

2. **Unzureichende Personalbesetzung**

 - Die Anzahl der Pflegekräfte ist regelmäßig zu

gering, um alle Aufgaben zu bewältigen.

- trifft zu ( )

- trifft nicht zu ( )

- trifft teilweise zu ( )

- Es gibt häufig Personalengpässe, die die Arbeitsbedingungen verschlechtern.

- trifft zu ( )

- trifft nicht zu ( )

- trifft teilweise zu ( )

- Die Personalplanung wird oft nicht den tatsächlichen Bedürfnissen angepasst.

- trifft zu ( )

- trifft nicht zu ( )

- trifft teilweise zu ( )

3. **Geringe Wertschätzung**

- Die Leistungen der Mitarbeiter werden nicht ausreichend anerkannt oder belohnt.

- trifft zu ( )

- trifft nicht zu ( )

- trifft teilweise zu ( )

- Es gibt keine regelmäßigen Feedbackgespräche oder Anerkennung für gute Arbeit.

- trifft zu ( )

- trifft nicht zu ( )

- trifft teilweise zu ( )

- Mitarbeiter fühlen sich von der Leitung nicht ausreichend unterstützt.

- trifft zu ( )

- trifft nicht zu ( )

- trifft teilweise zu ( )

4. **Fehlende Kommunikation**

- Wichtige Informationen werden nicht rechtzeitig an das gesamte Team weitergegeben.

- trifft zu ( )

- trifft nicht zu ( )

- trifft teilweise zu ( )

- Es gibt keine regelmäßigen Teammeetings oder

Updates über wichtige Veränderungen.

- trifft zu ( )

- trifft nicht zu ( )

- trifft teilweise zu ( )

- Informationen über Arbeitsabläufe oder Änderungen werden unzureichend kommuniziert.

- trifft zu ( )

- trifft nicht zu ( )

- trifft teilweise zu ( )

5. **Unfaire Behandlung**

- Bestimmte Mitarbeiter werden bevorzugt oder benachteiligt.

- trifft zu ( )

- trifft nicht zu ( )

- trifft teilweise zu ( )

- Entscheidungen über Arbeitsaufgaben oder Schichten erscheinen willkürlich.

- trifft zu ( )

- trifft nicht zu ( )

- trifft teilweise zu ( )

- Es gibt keine klaren Kriterien für die Vergabe von Aufgaben oder Verantwortlichkeiten.

- trifft zu ( )

- trifft nicht zu ( )

- trifft teilweise zu ( )

B. Körperliche Symptome durch Mobbing

1. **Kopfschmerzen**

- Ich habe häufig Kopfschmerzen, die ich auf Stress oder emotionale Belastung zurückführe.

- trifft zu ( )

- trifft nicht zu ( )

- trifft teilweise zu ( )

- Die Kopfschmerzen treten besonders in stressigen Arbeitssituationen auf.

- trifft zu ( )

- trifft nicht zu ( )

- trifft teilweise zu ( )

- Die Kopfschmerzen beeinträchtigen meine Arbeitsfähigkeit.

  - trifft zu ( )

  - trifft nicht zu ( )

  - trifft teilweise zu ( )

2. **Magen-Darm-Beschwerden**

  - Ich leide oft unter Magenbeschwerden oder Verdauungsproblemen.

  - trifft zu ( )

  - trifft nicht zu ( )

  - trifft teilweise zu ( )

  - Diese Beschwerden treten besonders bei oder nach stressigen Arbeitssituationen auf.

  - trifft zu ( )

  - trifft nicht zu ( )

  - trifft teilweise zu ( )

  - Ich habe Schwierigkeiten, diese Beschwerden mit

170

meiner Ernährung oder Lebensweise in Einklang zu
bringen.

- trifft zu ( )

- trifft nicht zu ( )

- trifft teilweise zu ( )

3. **Schlafstörungen**

- Ich habe regelmäßig Schwierigkeiten,
einzuschlafen oder durchzuschlafen.

- trifft zu ( )

- trifft nicht zu ( )

- trifft teilweise zu ( )

- Schlafstörungen treten besonders während oder
nach stressigen Arbeitssituationen auf.

- trifft zu ( )

- trifft nicht zu ( )

- trifft teilweise zu ( )

- Ich fühle mich morgens oft nicht erholt oder
ausgeruht.

- trifft zu ( )

- trifft nicht zu ( )

- trifft teilweise zu ( )

4. **Bluthochdruck**

- Mein Blutdruck ist regelmäßig erhöht, und ich habe keinen anderen klaren gesundheitlichen Grund dafür.

- trifft zu ( )

- trifft nicht zu ( )

- trifft teilweise zu ( )

- Mein Arzt hat mir geraten, den Stress in meinem Leben zu reduzieren.

- trifft zu ( )

- trifft nicht zu ( )

- trifft teilweise zu ( )

- Ich beobachte, dass sich mein Blutdruck besonders bei Stress oder in belastenden Situationen erhöht.

- trifft zu ( )

- trifft nicht zu ( )

- trifft teilweise zu ( )

5. **Rückenschmerzen**

- Ich habe häufig Rückenschmerzen, die ich auf Stress oder lange Arbeitszeiten zurückführe.

- trifft zu ( )

- trifft nicht zu ( )

- trifft teilweise zu ( )

- Die Rückenschmerzen treten insbesondere während oder nach der Arbeit auf.

- trifft zu ( )

- trifft nicht zu ( )

- trifft teilweise zu ( )

- Die Rückenschmerzen beeinträchtigen meine Fähigkeit, meine Arbeit zu verrichten.

- trifft zu ( )

- trifft nicht zu ( )

- trifft teilweise zu ( )

C. Seelische Symptome durch Mobbing

1. **Chronischer Stress**

- Ich fühle mich häufig überwältigt und angespannt durch meine Arbeit.

  - trifft zu ( )

  - trifft nicht zu ( )

  - trifft teilweise zu ( )

- Stress ist ein ständiger Begleiter in meinem Arbeitsalltag.

  - trifft zu ( )

  - trifft nicht zu ( )

  - trifft teilweise zu ( )

- Ich habe Schwierigkeiten, mich nach der Arbeit zu entspannen oder abzuschalten.

  - trifft zu ( )

  - trifft nicht zu ( )

  - trifft teilweise zu ( )

2. **Angstzustände**

- Ich erlebe häufig übermäßige Angst oder Besorgnis im Zusammenhang mit meiner Arbeit.

  - trifft zu ( )

  - trifft nicht zu ( )

  - trifft teilweise zu ( )

- Diese Angst beeinträchtigt meine Fähigkeit, Aufgaben zu erfüllen oder Entscheidungen zu treffen.

  - trifft zu ( )

  - trifft nicht zu ( )

  - trifft teilweise zu ( )

- Ich mache mir oft Sorgen über mögliche negative Konsequenzen meiner Arbeit.

  - trifft zu ( )

  - trifft nicht zu ( )

  - trifft teilweise zu ( )

3. **Erschöpfung und Depressionen**

- Ich fühle mich häufig emotional erschöpft und traurig.

- trifft zu ( )

- trifft nicht zu ( )

- trifft teilweise zu ( )

- Ich habe Schwierigkeiten, Freude an meiner Arbeit oder im Alltag zu finden.

- trifft zu ( )

- trifft nicht zu ( )

- trifft teilweise zu ( )

- Mein allgemeines Gefühl von Hoffnungslosigkeit oder Antriebslosigkeit nimmt zu.

- trifft zu ( )

- trifft nicht zu ( )

- trifft teilweise zu ( )

4. **Niedriges Selbstwertgefühl**

- Ich habe oft Zweifel an meinen Fähigkeiten oder meinem Wert als Mitarbeiter.

- trifft zu ( )

- trifft nicht zu ( )

- trifft teilweise zu ( )

- Die ständige Kritik oder der Mangel an Anerkennung beeinträchtigen mein Selbstwertgefühl.

- trifft zu ( )

- trifft nicht zu ( )

- trifft teilweise zu ( )

- Ich fühle mich oft nicht geschätzt oder anerkannt.

- trifft zu ( )

- trifft nicht zu ( )

- trifft teilweise zu ( )

5. **Gefühl der Isolation**

- Ich fühle mich oft einsam oder isoliert am Arbeitsplatz.

- trifft zu ( )

- trifft nicht zu ( )

- trifft teilweise zu ( )

- Es gibt kaum soziale Unterstützung oder Interaktion mit Kollegen.

- trifft zu ( )

- trifft nicht zu ( )

- trifft teilweise zu ( )

- Ich habe das Gefühl, dass meine Anliegen oder Probleme nicht verstanden werden.

- trifft zu ( )

- trifft nicht zu ( )

- trifft teilweise zu ( )

6. **Zwangsstörungen**

- Ich mache mir ständig Gedanken über die feindlichen Handlungen oder Kritik.

- trifft zu ( )

- trifft nicht zu ( )

- trifft teilweise zu ( )

- Diese Gedanken beeinträchtigen meine Fähigkeit, mich auf andere Aufgaben zu konzentrieren.

- trifft zu

( )

  - trifft nicht zu ( )

  - trifft teilweise zu ( )

 - Ich vermeide bestimmte Situationen oder
Menschen aufgrund der anhaltenden Angst.

  - trifft zu ( )

  - trifft nicht zu ( )

  - trifft teilweise zu ( )

7. **Burnout**

 - Ich fühle mich dauerhaft erschöpft und
ausgebrannt durch meine Arbeit.

  - trifft zu ( )

  - trifft nicht zu ( )

  - trifft teilweise zu ( )

 - Ich habe Schwierigkeiten, mich zu erholen oder
motiviert zu bleiben.

  - trifft zu ( )

  - trifft nicht zu ( )

- trifft teilweise zu ( )

- Mein Zynismus gegenüber meiner Arbeit und den Bewohnern nimmt zu.

- trifft zu ( )

- trifft nicht zu ( )

- trifft teilweise zu ( )

8. **Schlafstörungen**

- Ich habe Schwierigkeiten, einzuschlafen oder durchzuschlafen, oft aufgrund von Arbeitsstress.

- trifft zu ( )

- trifft nicht zu ( )

- trifft teilweise zu ( )

- Meine Schlafstörungen beeinträchtigen meine tägliche Leistungsfähigkeit.

- trifft zu ( )

- trifft nicht zu ( )

- trifft teilweise zu ( )

- Ich habe häufig Alpträume oder belastende Gedanken, die meinen Schlaf stören.

- trifft zu ( )

- trifft nicht zu ( )

- trifft teilweise zu ( )

Dieser Fragebogen soll helfen, die verschiedenen Aspekte von Mobbing sowie deren körperliche und seelische Auswirkungen auf Pflegekräfte im Altenheim zu erfassen.

Altersdiskriminierung bei älteren Pflegekräften

Altersdiskriminierung von älteren Pflegekräften im Altenheim ist ein ernstes Problem, das sich negativ auf die Arbeitsatmosphäre, die Qualität der Pflege und das Wohlbefinden der betroffenen Mitarbeiter auswirken kann. Dieser Abschnitt beleuchtet die Ursachen, Auswirkungen und mögliche Maßnahmen zur Bekämpfung der Altersdiskriminierung in Pflegeeinrichtungen.

Ursachen für Altersdiskriminierung

1. Vorurteile und Stereotypen

Ältere Pflegekräfte werden oft mit negativen Stereotypen konfrontiert, die sie als weniger flexibel, weniger belastbar oder weniger lernfähig darstellen.

2. Technologische Veränderungen

Mit der zunehmenden Digitalisierung und Einführung neuer Technologien im Gesundheitswesen besteht die Annahme, dass ältere Mitarbeiter Schwierigkeiten haben, sich an neue Systeme anzupassen.

3. Wirtschaftliche Gründe

Ältere Mitarbeiter haben oft höhere Gehaltsansprüche aufgrund ihrer Erfahrung und längeren Betriebszugehörigkeit, was für Arbeitgeber ein Grund sein kann, sie zu benachteiligen.

4. Kulturelle Einstellungen

In einigen Pflegeeinrichtungen herrscht eine Kultur, die jüngere Mitarbeiter bevorzugt, da sie als dynamischer und innovativer angesehen werden.

5. Fehlende Weiterbildungsmöglichkeiten

Ältere Pflegekräfte erhalten oft weniger Zugang zu Fort- und Weiterbildungen, was zu einer Benachteiligung gegenüber jüngeren Kollegen führen kann.

Auswirkungen der Altersdiskriminierung

1. Verminderte Arbeitszufriedenheit

Diskriminierung kann zu einer erheblichen Senkung der Arbeitsmoral und Zufriedenheit der betroffenen Mitarbeiter führen.

2. Gesundheitliche Probleme

Ständige Benachteiligung und negative Einstellungen können zu psychischen Belastungen wie Stress, Angstzuständen und Depressionen führen.

3. Eingeschränkte Karrierechancen

Ältere Pflegekräfte werden möglicherweise von Beförderungen oder verantwortungsvolleren

Aufgaben ausgeschlossen.

4. Höhere Fluktuation

Diskriminierung kann dazu führen, dass ältere Pflegekräfte das Unternehmen verlassen, was zu einem Verlust wertvoller Erfahrung und Fachkenntnisse führt.

5. Negative Auswirkungen auf die Pflegequalität

Die Erfahrung und das Wissen älterer Pflegekräfte sind von unschätzbarem Wert. Ihre Diskriminierung kann die Qualität der Pflege und Betreuung beeinträchtigen.

Maßnahmen gegen Altersdiskriminierung

1. Sensibilisierung und Schulung

Regelmäßige Schulungen und Workshops zur Sensibilisierung für Altersdiskriminierung können helfen, Vorurteile abzubauen und ein inklusives Arbeitsumfeld zu fördern.

2. Förderung eines altersfreundlichen Arbeitsumfelds

Arbeitgeber sollten aktiv Maßnahmen ergreifen, um sicherzustellen, dass das Arbeitsumfeld für alle Altersgruppen geeignet ist, zum Beispiel durch altersgerechte Arbeitsbedingungen und flexible Arbeitszeiten.

3. Gleichbehandlung bei Weiterbildungen

Ältere Pflegekräfte sollten die gleichen Chancen auf Weiterbildungen und berufliche Entwicklung haben wie ihre jüngeren Kollegen.

4. Klare Richtlinien und Anti-Diskriminierungsgesetze

Pflegeeinrichtungen sollten klare Richtlinien gegen Altersdiskriminierung einführen und sicherstellen, dass diese strikt eingehalten werden.

5. Anonymisierte Bewerbungsverfahren

Um Diskriminierung schon im Einstellungsprozess zu vermeiden, können anonymisierte Bewerbungsverfahren eingeführt werden, bei denen das Alter der Bewerber nicht offengelegt wird.

6. Mentoring-Programme

Ältere Pflegekräfte könnten als Mentoren für jüngere Kollegen fungieren, um ihre Erfahrung und ihr Wissen weiterzugeben und gleichzeitig das Verständnis und den Respekt zwischen den Generationen zu fördern.

7. Mitarbeiterbefragungen und Feedback

Regelmäßige Befragungen der Mitarbeiter können helfen, Diskriminierungstendenzen frühzeitig zu erkennen und entsprechende Gegenmaßnahmen zu ergreifen.

Altersdiskriminierung ist in Deutschland rechtlich verboten und kann juristische Konsequenzen nach sich ziehen. Die rechtliche Grundlage für den Schutz vor Altersdiskriminierung bildet das Allgemeine Gleichbehandlungsgesetz AGG. Hier ist ein Überblick über die Gesetzeslage und mögliche juristische Konsequenzen bei Altersdiskriminierung im Arbeitsumfeld, insbesondere in Altenheimen.

Gesetzliche Grundlagen

1. **Allgemeines Gleichbehandlungsgesetz AGG**

Das AGG, das 2006 in Kraft trat, hat das Ziel, Diskriminierungen aus Gründen der Rasse oder ethnischen Herkunft, des Geschlechts, der Religion oder Weltanschauung, einer Behinderung, des Alters oder der sexuellen Identität zu verhindern oder zu beseitigen.

Paragraph 1 AGG definiert die Zielsetzung des Gesetzes.

Paragraph 2 AGG bestimmt den Anwendungsbereich, der insbesondere den Zugang zur Beschäftigung und den beruflichen Aufstieg umfasst.

Paragraph 10 AGG regelt Ausnahmen, in denen eine Ungleichbehandlung aufgrund des Alters zulässig sein kann, beispielsweise wenn dies durch ein legitimes Ziel gerechtfertigt ist und die Mittel zur Erreichung dieses Ziels angemessen und erforderlich sind.

2. **Betriebsverfassungsgesetz BetrVG**

Das Betriebsverfassungsgesetz bietet zusätzliche Schutzmechanismen, indem es Betriebsräten das Recht gibt, Maßnahmen zur Förderung älterer Arbeitnehmer zu beantragen und Diskriminierungen zu unterbinden.

3. **Europäische Richtlinien**

Die Antidiskriminierungsrichtlinie der Europäischen Union, die Richtlinie 2000/78/EG, legt Mindeststandards fest, die auch in Deutschland umgesetzt wurden und die Altersdiskriminierung auf europäischer Ebene verbieten.

Juristische Konsequenzen

1. **Schadensersatz und Entschädigung**

Wenn eine Altersdiskriminierung festgestellt wird, können betroffene Mitarbeiter Anspruch auf Schadensersatz und Entschädigung haben. Dies kann sowohl den finanziellen Schaden umfassen als auch eine Entschädigung für immaterielle Schäden wie den erlittenen seelischen Schmerz.

2. **Abmahnung und Kündigung**

Arbeitgeber, die sich der Altersdiskriminierung schuldig machen, riskieren Abmahnungen oder, in schwerwiegenden Fällen, sogar eine Kündigung des Arbeitsverhältnisses durch den Arbeitnehmer. Eine fristlose Kündigung durch den Arbeitnehmer könnte gerechtfertigt sein, wenn das Vertrauensverhältnis irreparabel gestört ist.

3. **Klage vor dem Arbeitsgericht**

Arbeitnehmer können ihre Ansprüche vor dem Arbeitsgericht geltend machen. Das Gericht prüft dann, ob eine Altersdiskriminierung vorliegt und welche Ansprüche dem Arbeitnehmer zustehen. In vielen Fällen werden solche Streitigkeiten durch Vergleiche beigelegt.

4. **Rolle des Betriebsrats**

Der Betriebsrat hat das Recht und die Pflicht, gegen Diskriminierungen im Betrieb vorzugehen. Wenn der Betriebsrat Anzeichen von Altersdiskriminierung erkennt, kann er eine Einigung mit dem Arbeitgeber anstreben oder gegebenenfalls das Arbeitsgericht einschalten.

5. **Rücknahme oder Anpassung von Personalentscheidungen**

Personalentscheidungen, die auf Altersdiskriminierung beruhen, können vom Gericht aufgehoben werden. Dies betrifft insbesondere Einstellungs- oder Beförderungsentscheidungen, die aufgrund des Alters getroffen wurden.

6. **Image- und Reputationsverlust**

Neben rechtlichen Konsequenzen kann Altersdiskriminierung auch den Ruf eines Unternehmens oder einer Einrichtung erheblich schädigen. Negative Publicity kann langfristig wirtschaftliche Schäden nach sich ziehen.

7. **Pflicht zur Unterlassung**

Das Gericht kann den Arbeitgeber zur Unterlassung der diskriminierenden Handlung verpflichten und entsprechende Maßnahmen anordnen, um zukünftige Diskriminierungen zu verhindern.

Mobbing aufgrund von Diversität, insbesondere in Bezug auf Homosexualität und Transsexualität von Pflegekräften, ist ein ernstes Problem, das die psychische Gesundheit der Betroffenen erheblich beeinträchtigen kann. Solche Diskriminierungen und Ausgrenzungen können auch das Arbeitsklima und die Qualität der Pflege in Altenheimen negativ beeinflussen.

Ursachen für Mobbing bei Diversität

1. **Vorurteile und Unwissenheit**

   - Viele Menschen haben Vorurteile gegenüber LGBTQ+-Personen, oft basierend auf mangelndem Wissen oder tief verwurzelten gesellschaftlichen Stereotypen.

2. **Fehlende Sensibilisierung**

   - In vielen Pflegeeinrichtungen fehlt es an Schulungen und Sensibilisierungsmaßnahmen, die ein respektvolles Miteinander fördern und Diskriminierung vorbeugen könnten.

3. **Kulturelle und religiöse Einstellungen**

   - In einigen Fällen spielen kulturelle und religiöse Überzeugungen eine Rolle, die Homosexualität und Transsexualität ablehnen oder negativ bewerten.

4. **Angst vor dem Unbekannten**

   - Einige Kollegen oder Vorgesetzte könnten Angst oder Unbehagen empfinden, wenn sie mit Menschen arbeiten, die nicht den traditionellen Normen entsprechen.

5. **Machtstrukturen und Hierarchien**

  - In hierarchischen Strukturen kann es vorkommen, dass LGBTQ+-Pflegekräfte von ihren Vorgesetzten oder Kollegen gezielt gemobbt werden, um sie auszugrenzen oder zu kontrollieren.

Auswirkungen von Mobbing

1. **Psychische Gesundheit**

  - Mobbing kann zu erheblichen psychischen Problemen führen, wie Depressionen, Angstzuständen, vermindertem Selbstwertgefühl und sogar zu Suizidgedanken.

2. **Berufliche Leistung**

  - Betroffene Pflegekräfte können Schwierigkeiten haben, ihre beruflichen Aufgaben zu erfüllen, was zu einer Verschlechterung der Pflegequalität führen kann.

3. **Soziale Isolation**

- Mobbing kann dazu führen, dass die betroffene Person sozial isoliert wird, was das Gefühl der Einsamkeit und der Ausgrenzung verstärkt.

4. **Berufliche Konsequenzen**

- In einigen Fällen kann Mobbing dazu führen, dass die betroffene Person ihren Job kündigt oder versetzt wird, um der belastenden Situation zu entkommen.

Maßnahmen zur Bekämpfung von Mobbing

1. **Schulungen und Sensibilisierung**

- Pflegeeinrichtungen sollten regelmäßige Schulungen zu den Themen Diversität, LGBTQ+-Rechte und Anti-Diskriminierung anbieten, um Vorurteile abzubauen und ein respektvolles Arbeitsumfeld zu fördern.

2. **Klare Richtlinien gegen Diskriminierung**

- Es sollten klare Richtlinien und Verhaltenskodizes implementiert werden, die Mobbing und Diskriminierung strikt verbieten und Konsequenzen für Verstöße festlegen.

3. **Unterstützung durch Betriebsrat und Führungskräfte**

- Der Betriebsrat und die Führungskräfte sollten sich aktiv für den Schutz von LGBTQ+-Pflegekräften einsetzen und als Ansprechpartner für betroffene Mitarbeiter fungieren.

4. **Anonyme Meldeverfahren**

- Pflegeeinrichtungen sollten anonyme Meldeverfahren einführen, über die Mobbingvorfälle gemeldet werden können, ohne dass die Betroffenen Repressalien fürchten müssen.

5. **Mentoring-Programme**

- LGBTQ+-Pflegekräfte könnten durch Mentoring-Programme unterstützt werden, die ihnen helfen, sich im Arbeitsumfeld zu integrieren und Netzwerke zu bilden.

6. **Psychologische Unterstützung**

- Betroffenen sollte Zugang zu psychologischer Unterstützung gewährt werden, um die psychischen

Folgen von Mobbing zu bewältigen.

7. **Förderung einer inklusiven Kultur**

  - Eine inklusive Arbeitskultur sollte aktiv gefördert werden, in der Diversität als Bereicherung angesehen wird und alle Mitarbeiter unabhängig von ihrer sexuellen Orientierung oder Geschlechtsidentität respektiert werden.

Hier sind 20 Fallbeispiele für Mobbing aufgrund von Diversität, insbesondere Homosexualität und Transsexualität von Pflegekräften, jeweils mit einem passenden Dialog, um die Situation zu veranschaulichen und Lösungsansätze zu bieten.

Fallbeispiele und Dialoge

Fall 1: Eine lesbische Pflegekraft wird von ihren Kollegen gemieden und nicht in Pausengespräche einbezogen.

Dialog:

Pflegekraft A: Warum sitzt du immer allein in

der Pause

Pflegekraft B: Ich habe das Gefühl, dass ich nicht willkommen bin. Ich höre, wie sie über mich tuscheln.

Stationsleitung: Das ist nicht akzeptabel. Ich werde ein Teammeeting einberufen, um dieses Thema anzusprechen und klarzustellen, dass wir hier niemanden ausschließen.

Fall 2: Ein schwuler Pfleger wird bei der Schichteinteilung immer wieder benachteiligt.

Dialog:

Pfleger C: Mir fällt auf, dass ich ständig die Nachtschichten bekomme.

Schichtleiter: Das ist Zufall.

Pfleger C: Ich denke nicht. Ich fühle mich benachteiligt. Wir sollten die Schichten fair verteilen.

Schichtleiter: Du hast recht. Lass uns gemeinsam einen Plan erstellen, der für alle fair ist.

Fall 3: Eine transsexuelle Pflegekraft wird von einem Kollegen bewusst mit dem falschen Pronomen angesprochen.

Dialog:

Pflegekraft D: Bitte sprich mich mit meinem richtigen Pronomen an.

Kollege: Das ist mir zu kompliziert.

Pflegekraft D: Es geht um Respekt. Wenn du meinen Namen respektierst, respektiere auch mein Pronomen.

Kollege: Tut mir leid, ich werde darauf achten.

Fall 4: Eine lesbische Pflegerin wird von Patienten beleidigt, und die Kollegen ignorieren das.

Dialog:

Pflegerin E: Ein Bewohner hat mich gerade beleidigt.

Kollege: Das musst du ignorieren, die sind alt.

Pflegerin E: Es ist nicht in Ordnung, so etwas zu ignorieren. Es sollte eine klare Grenze geben.

Kollege: Du hast recht. Ich werde das an die

Pflegedienstleitung weiterleiten.

Fall 5: Ein schwuler Mitarbeiter erhält anonyme Drohungen in seinem Schließfach.

Dialog:

Mitarbeiter F: Ich habe Drohungen in meinem Schließfach gefunden.

Vorgesetzter: Das ist inakzeptabel. Wir werden das sofort untersuchen und Maßnahmen ergreifen, um sicherzustellen, dass sich so etwas nicht wiederholt.

Fall 6: Ein transsexueller Mitarbeiter wird bei Teambesprechungen konsequent übergangen.

Dialog:

Mitarbeiter G: Mir fällt auf, dass meine Vorschläge in Besprechungen oft ignoriert werden.

Teamleiter: Das war nicht meine Absicht. Ich werde sicherstellen, dass alle gleichermaßen gehört werden. Danke, dass du das angesprochen hast.

Fall 7: Eine lesbische Pflegekraft wird von einem Kollegen ständig gefragt, ob sie sicher sei, dass sie lesbisch ist.

Dialog:

Kollege: Bist du dir wirklich sicher, dass du lesbisch bist

Pflegekraft H: Das ist meine private Angelegenheit, und es ist unangemessen, dass du das immer wieder in Frage stellst.

Kollege: Tut mir leid, ich wollte dich nicht beleidigen.

Fall 8: Ein schwuler Pfleger wird von anderen Kollegen bei Fortbildungen nicht einbezogen.

Dialog:

Pfleger I: Warum wurde ich nicht zur Fortbildung eingeladen

Kollege: Wir dachten, du wärst nicht interessiert.

Pfleger I: Das stimmt nicht. Bitte informiert mich in Zukunft genauso wie alle anderen.

Fall 9: Ein transsexueller Mitarbeiter wird bei der Vergabe von Aufgaben bewusst benachteiligt.

Dialog:

Mitarbeiter J: Mir fällt auf, dass ich selten die verantwortungsvolleren Aufgaben bekomme.

Vorgesetzter: Das ist mir nicht bewusst gewesen. Ich werde darauf achten, dass die Aufgabenverteilung in Zukunft fair ist.

Fall 10: Eine lesbische Pflegekraft wird von einem Kollegen ständig mit abfälligen Bemerkungen konfrontiert.

Dialog:

Pflegekraft K: Deine Bemerkungen verletzen mich und sind respektlos.

Kollege: Das war nicht so gemeint.

Pflegekraft K: Es ist wichtig, dass wir respektvoll

miteinander umgehen. Ich möchte, dass das aufhört.

Kollege: Entschuldige, das war unangebracht.

Fall 11: Ein schwuler Mitarbeiter wird von einem anderen Kollegen gefragt, ob er nicht Angst hat, mit Männern zu arbeiten.

Dialog:

Kollege: Hast du keine Angst, mit so vielen Männern hier zu arbeiten

Mitarbeiter L: Diese Frage ist unangebracht und verletzend.

Kollege: Das wollte ich nicht. Ich werde in Zukunft sensibler sein.

Fall 12: Eine transsexuelle Pflegekraft wird nach ihrer Geschlechtsanpassung operation in einer unangemessenen Weise befragt.

Dialog:

Kollege: Wie war das mit deiner Operation

Pflegekraft M: Das ist eine sehr private Angelegenheit. Ich würde es bevorzugen, wenn wir das Thema respektvoll behandeln.

Kollege: Entschuldige, ich wollte nicht neugierig sein.

Fall 13: Ein lesbischer Mitarbeiter wird bei Weihnachtsfeiern immer außen vor gelassen.

Dialog:

Mitarbeiter N: Mir ist aufgefallen, dass ich nicht zu den Weihnachtsfeiern eingeladen werde.

Kollege: Das war keine Absicht. Wir werden sicherstellen, dass du in Zukunft eingeladen wirst.

Mitarbeiter N: Danke, es wäre schön, wenn alle gleich behandelt werden.

Fall 14: Ein schwuler Mitarbeiter wird vom Team als anders bezeichnet.

Dialog:

Kollege: Du bist irgendwie anders, oder

Mitarbeiter O: Was meinst du damit

Kollege: Naja, du weißt schon

Mitarbeiter O: Diese Art von Kommentaren führt nur zu Ausgrenzung. Ich würde es schätzen, wenn wir das respektvoller angehen könnten.

Kollege: Du hast recht, das war unüberlegt.

Fall 15: Ein transsexueller Kollege wird ständig gefragt, welchen Namen er früher hatte.

Dialog:

Kollege: Wie hieß du früher

Mitarbeiter P: Das ist nicht relevant. Ich würde es bevorzugen, wenn du mich einfach bei meinem aktuellen Namen nennst.

Kollege: Das verstehe ich, ich werde darauf achten.

Fall 16: Eine lesbische Pflegekraft wird von Patienten aufgrund ihrer sexuellen Orientierung gemobbt, und das Team unterstützt sie nicht.

Dialog:

Pflegekraft Q: Ein Bewohner hat mich wegen meiner sexuellen Orientierung beleidigt, und ich fühle mich nicht unterstützt.

Kollege: Das tut mir leid. Wir müssen sicherstellen, dass du die Unterstützung bekommst, die du brauchst. Ich werde das sofort an die Pflegedienstleitung weitergeben.

Fall 17: Ein schwuler Mitarbeiter wird bei der Vergabe von Überstunden immer bevorzugt, weil man davon ausgeht, dass er keine Familie hat.

Dialog:

Mitarbeiter R: Mir fällt auf, dass ich immer die Überstunden machen muss.

Vorgesetzter: Wir dachten, du hast weniger Verpflichtungen.

Mitarbeiter R: Das ist ein Vorurteil. Wir sollten die Überstunden fair verteilen.

Vorgesetzter: Das stimmt, wir werden das

ändern.

Fall 18: Eine transsexuelle Pflegekraft wird nicht zu Teamevents eingeladen, weil man annimmt, sie würde sich unwohl fühlen.

Dialog:

Pflegekraft S: Warum werde ich nie zu den Teamevents eingeladen

Kollege: Wir dachten, du fühlst dich vielleicht nicht wohl.

Pflegekraft S: Das ist nicht der Fall. Ich möchte genauso wie alle anderen behandelt werden.

Kollege: Entschuldige, das war falsch von uns. Du bist natürlich willkommen.

Fall 19: Ein schwuler Mitarbeiter wird als exotisch bezeichnet und ständig nach seiner sexuellen Orientierung gefragt.

Dialog:

Kollege: Du bist echt exotisch, erzähl mal, wie

ist das so

Mitarbeiter T: Solche Kommentare sind nicht in Ordnung und machen mich unwohl.

Kollege: Das wollte ich nicht. Ich werde solche Fragen in Zukunft unterlassen.

Fall 20: Eine lesbische Pflegekraft wird bei der Urlaubsplanung systematisch benachteiligt.

Dialog:

Pflegekraft U: Warum bekomme ich immer den letzten Urlaubszeitraum

Vorgesetzter: Das ist Zufall.

Pflegekraft U: Es fühlt sich wie eine Benachteiligung an. Wir sollten das fairer gestalten.

Vorgesetzter

: Du hast recht. Lass uns die Planung überdenken.

Diese Fallbeispiele und Dialoge veranschaulichen, wie Mobbing aufgrund von Diversität im

Arbeitsumfeld Altenheim auftreten kann, und bieten Lösungsansätze, die zu einer respektvollen und fairen Kommunikation beitragen.

Rassismus in der Altenpflege ist ein ernstes Problem, das sowohl Pflegekräfte als auch Bewohner betrifft. Es äußert sich in verschiedenen Formen, von subtilen Vorurteilen und Benachteiligungen bis hin zu offen diskriminierendem Verhalten. Hier ist eine Analyse des Themas:

Formen von Rassismus in der Altenpflege

1. **Diskriminierung von Pflegekräften**

Pflegekräfte mit Migrationshintergrund erleben oft Benachteiligung in der Berufswelt. Sie erhalten weniger Aufstiegschancen, werden bei der Dienstplangestaltung ungerecht behandelt oder erfahren abwertende Kommentare von Kollegen und Vorgesetzten.

2. **Rassistische Äußerungen und Verhalten von Bewohnern**

Es kommt vor, dass ältere Bewohner, aufgrund ihrer eigenen Lebensgeschichte und sozialer Prägung, rassistische Einstellungen haben. Diese äußern sich in abwertenden Kommentaren, der Ablehnung von Pflege durch Personen mit anderer Hautfarbe oder Herkunft sowie in beleidigendem Verhalten.

3. **Ungleiche Behandlung im Team**

Pflegekräfte mit Migrationshintergrund können sich in Teams isoliert fühlen, weil sie weniger in soziale Aktivitäten einbezogen oder ihre Meinungen weniger ernst genommen werden. Dies kann zu einem Klima der Ausgrenzung und Isolation führen.

4. **Benachteiligung bei Fort- und Weiterbildungen**

Pflegekräfte mit Migrationshintergrund erhalten möglicherweise weniger Unterstützung bei Fortbildungen oder Aufstiegsmöglichkeiten, was ihre berufliche Entwicklung behindert.

5. **Vorurteile und Stereotype**

Pflegekräfte und Bewohner, die aus bestimmten kulturellen oder ethnischen Gruppen stammen, werden oft auf stereotype Weise betrachtet. Dies führt dazu, dass ihre Kompetenzen und

Qualifikationen unterschätzt werden.

Auswirkungen von Rassismus in der Altenpflege

1. **Psychische Belastungen**

Betroffene Pflegekräfte können unter Stress, Angst und Depressionen leiden. Die ständige Konfrontation mit rassistischen Äußerungen und Verhalten führt zu einem hohen psychischen Druck, der die Arbeitsleistung und das allgemeine Wohlbefinden beeinträchtigt.

2. **Körperliche Auswirkungen**

Langfristiger Stress aufgrund von Diskriminierung kann zu physischen Gesundheitsproblemen wie Bluthochdruck, Schlafstörungen und einem geschwächten Immunsystem führen.

3. **Fluktuation und Fachkräftemangel**

Diskriminierte Pflegekräfte sind eher geneigt, ihren Arbeitsplatz zu wechseln, was die ohnehin angespannte Personalsituation in der Altenpflege weiter verschärft.

4. **Schlechtere Pflegequalität**

Ein Arbeitsumfeld, das von Rassismus geprägt ist, wirkt sich negativ auf die Pflegequalität aus. Die Zusammenarbeit im Team leidet, was sich auf die Betreuung der Bewohner auswirkt.

Lösungsansätze und Maßnahmen

1. **Schulung und Sensibilisierung**

Regelmäßige Schulungen zum Thema Diversity und Anti-Rassismus für alle Mitarbeiter im Altenheim können das Bewusstsein für die Problematik schärfen und helfen, Vorurteile abzubauen.

2. **Klare Richtlinien und Sanktionen**

Es sollten klare Anti-Diskriminierungsrichtlinien etabliert werden, die rassistisches Verhalten untersagen und Sanktionen für Verstöße vorsehen.

3. **Unterstützung für Betroffene**

Betroffene Pflegekräfte sollten Zugang zu

Beratungs- und Unterstützungsangeboten haben, um mit den psychischen Belastungen umzugehen und rechtliche Schritte einzuleiten, wenn nötig.

4. **Förderung von Vielfalt im Team**

Ein divers zusammengesetztes Team kann helfen, Vorurteile zu überwinden und ein inklusiveres Arbeitsumfeld zu schaffen.

5. **Offene Kommunikation**

Es sollte eine Kultur der offenen Kommunikation gefördert werden, in der alle Mitarbeitenden über ihre Erfahrungen sprechen können und ernst genommen werden.

Rassismus in der Altenpflege ist ein tief verwurzeltes Problem, das nicht nur die betroffenen Pflegekräfte, sondern auch die Qualität der Pflege beeinträchtigt. Durch gezielte Maßnahmen und ein klares Bekenntnis zu Vielfalt und Inklusion kann diesem Problem entgegengewirkt werden, um ein respektvolles und unterstützendes Arbeitsumfeld zu schaffen.

Pseudotoleranz bezeichnet eine scheinbare, oberflächliche Akzeptanz von Diversität und Migration, die jedoch nicht von echter Wertschätzung und Inklusion getragen wird. Sie manifestiert sich in unterschiedlichen Bereichen der Gesellschaft, einschließlich der Altenpflege. Hier ist eine Analyse des Themas:

Merkmale von Pseudotoleranz

Oberflächliche Anerkennung

Bei Pseudotoleranz wird Diversität anerkannt, jedoch nur auf einer oberflächlichen Ebene. Zum Beispiel können Pflegeeinrichtungen in ihrer Kommunikation betonen, dass sie ein diverses Team haben, aber in der täglichen Praxis werden die Bedürfnisse und Anliegen von Mitarbeitenden mit Migrationshintergrund oder unterschiedlicher sexueller Orientierung ignoriert.

Fehlende echte Inklusion

Während Pseudotoleranz eine Fassade der Offenheit

aufrechterhält, fehlt es oft an echter Inklusion. Pflegekräfte und Bewohner mit Migrationshintergrund oder aus marginalisierten Gruppen werden nicht wirklich in Entscheidungsprozesse einbezogen oder in sozialen Aktivitäten integriert.

Versteckte Vorurteile und Diskriminierung

Obwohl Pseudotoleranz suggeriert, dass Diversität akzeptiert wird, bleiben tiefliegende Vorurteile und Diskriminierungen bestehen. Dies zeigt sich etwa in abwertenden Bemerkungen, die hinter verschlossenen Türen gemacht werden, oder in der bevorzugten Behandlung von Mitarbeitenden, die der Mehrheitskultur entsprechen.

Fehlende Maßnahmen zur Unterstützung von Diversität

Einrichtungen, die Pseudotoleranz praktizieren, unternehmen oft keine aktiven Schritte, um Diversität zu fördern oder Diskriminierung zu bekämpfen. Es gibt keine gezielten Programme zur Förderung von Vielfalt oder zur Unterstützung von Mitarbeitenden aus marginalisierten Gruppen.

Symbolische Gesten statt wirklicher Veränderung

Anstelle von tiefgreifenden Veränderungen gibt es häufig nur symbolische Gesten der Anerkennung, wie das Aufhängen von Plakaten oder das Feiern von internationalen Tagen, ohne dass dies in den Alltag der Pflegekräfte und Bewohner integriert wird.

Konsequenzen von Pseudotoleranz

Verstärkung von Ausgrenzung und Isolation

Pseudotoleranz führt dazu, dass betroffene Mitarbeitende und Bewohner sich zunehmend isoliert und ausgegrenzt fühlen. Sie erkennen, dass die Akzeptanz, die ihnen entgegengebracht wird, nicht echt ist, was das Gefühl der Entfremdung verstärkt.

Demotivation und Frustration

Mitarbeitende, die Pseudotoleranz erfahren, sind oft demotiviert und frustriert, da ihre Anliegen und Bedürfnisse nicht ernst genommen werden. Dies kann zu einer erhöhten Fluktuation und einer Abnahme der Arbeitszufriedenheit führen.

Mangel an Vertrauen

Pseudotoleranz untergräbt das Vertrauen in die Leitung und die Arbeitskultur der Einrichtung. Mitarbeitende spüren, dass die propagierte Offenheit nur eine Fassade ist, was zu einem gestörten Vertrauensverhältnis führt.

Verschlechterung der Pflegequalität

Eine Arbeitskultur, die von Pseudotoleranz geprägt ist, beeinträchtigt die Teamarbeit und die Kommunikation, was sich negativ auf die Qualität der Pflege auswirkt. Bewohner, die eine solche Atmosphäre spüren, könnten sich ebenfalls unwohl und missverstanden fühlen.

Aufdecken und Bekämpfen von Pseudotoleranz

Selbstreflexion und ehrliche Kommunikation

Es ist wichtig, dass Pflegeeinrichtungen ihre eigene Praxis und Kultur regelmäßig kritisch hinterfragen. Eine offene und ehrliche Kommunikation über die tatsächliche Situation und die Erfahrungen der

Mitarbeitenden ist unerlässlich.

Aktive Förderung von echter Inklusion

Einrichtungen sollten gezielte Maßnahmen ergreifen, um echte Inklusion zu fördern. Dies kann durch Schulungen, Mentorenprogramme und die aktive Einbindung von Mitarbeitenden in Entscheidungsprozesse geschehen.

Entwicklung von Antidiskriminierungsstrategien

Es sollten klare Strategien und Richtlinien entwickelt werden, um Diskriminierung aktiv zu bekämpfen. Dies beinhaltet auch die Sanktionierung von rassistischem oder diskriminierendem Verhalten.

Kontinuierliche Schulung und Sensibilisierung

Regelmäßige Schulungen zur Sensibilisierung für Diversität und gegen Diskriminierung helfen, Pseudotoleranz zu überwinden und eine echte Kultur der Akzeptanz zu fördern.

Einbindung aller Beteiligten

Alle Mitarbeitenden, unabhängig von ihrer Herkunft

oder Identität, sollten in die Gestaltung und Verbesserung der Arbeitskultur einbezogen werden. Dies stärkt das Gemeinschaftsgefühl und fördert eine echte, gelebte Toleranz.

Pseudotoleranz kann langfristig schädlich für die Arbeitskultur und die Qualität der Pflege in Altenheimen sein. Es ist daher entscheidend, dass Pflegeeinrichtungen diese Problematik erkennen und aktiv daran arbeiten, echte Akzeptanz und Inklusion zu fördern.

Hier sind 30 Dialogbeispiele und Lösungsvorschläge, die verschiedene Situationen im Altenheim thematisieren, in denen Pseudotoleranz, Diskriminierung oder Mobbing auftreten könnten. Diese Beispiele zeigen, wie man durch respektvolle Kommunikation und gezielte Maßnahmen diese Probleme angehen kann.

Dialog 1: Ansprechen von Vorurteilen

Pflegekraft A: Ich habe gehört, dass neue Mitarbeitende mit Migrationshintergrund häufiger die Nachtschichten übernehmen müssen.

Pflegeleitung: Danke, dass du das ansprichst. Wir werden die Dienstpläne überprüfen und sicherstellen, dass die Schichten fair verteilt sind.

Dialog 2: Förderung von Inklusion

Pflegekraft B: Ich fühle mich manchmal ausgeschlossen, weil ich nicht bei allen Teamgesprächen dabei bin.

Pflegeleitung: Das tut mir leid zu hören. Wir werden dafür sorgen, dass alle Teammitglieder zu den Besprechungen eingeladen werden.

Dialog 3: Kulturelle Unterschiede respektieren

Bewohnerin: Ich möchte nicht von jemandem gepflegt werden, der nicht aus unserem Land kommt.

Pflegekraft C: Wir alle arbeiten hier, um sicherzustellen, dass Sie die beste Pflege erhalten, unabhängig von der Herkunft der Pflegekraft.

Dialog 4: Unterstützung für diskriminierte Mitarbeitende

Pflegekraft D: Ich habe das Gefühl, dass meine Ideen nicht ernst genommen werden, weil ich einen Migrationshintergrund habe.

Pflegeleitung: Das ist nicht akzeptabel. Wir werden ein Teammeeting organisieren, um sicherzustellen, dass jeder Gehör findet.

Dialog 5: Umgang mit rassistischen Kommentaren

Bewohner: Warum ist hier eine Ausländerin im Team?

Pflegekraft E: Unsere Pflegekräfte kommen aus verschiedenen Ländern, um gemeinsam für das Wohl aller Bewohner zu sorgen. Vielfalt bereichert unser Team.

Dialog 6: Gleichberechtigte Behandlung fördern

Pflegekraft F: Ich habe das Gefühl, dass nur bestimmte Kollegen zu Fortbildungen eingeladen werden.

Pflegeleitung: Wir werden sicherstellen, dass Fortbildungsmöglichkeiten transparent angeboten und allen zugänglich gemacht werden.

Dialog 7: Wahrnehmung von Pseudotoleranz

Pflegekraft G: Man sagt zwar, dass hier alle willkommen sind, aber in den Pausenräumen sprechen viele nur über ihre eigenen Leute.

Pflegeleitung: Wir werden daran arbeiten, das Gemeinschaftsgefühl zu stärken, indem wir mehr Teambuilding-Aktivitäten anbieten.

Dialog 8: Mentorenprogramme einführen

Pflegekraft H: Ich habe Schwierigkeiten, mich hier zurechtzufinden, weil mir niemand hilft.

Pflegeleitung: Wir werden ein Mentorenprogramm einrichten, damit neue Mitarbeitende besser integriert werden.

Dialog 9: Diskriminierung aktiv bekämpfen

Pflegekraft I: Ein Kollege hat mir gegenüber eine abwertende Bemerkung über meine Herkunft gemacht.

Pflegeleitung: Solche Äußerungen sind inakzeptabel. Wir werden dieses Verhalten sofort ansprechen und Konsequenzen prüfen.

Dialog 10: Sprachliche Barrieren abbauen

Pflegekraft J: Manchmal verstehe ich nicht, was meine Kollegen sagen, weil sie im Dialekt sprechen.

Pflegeleitung: Wir werden darauf achten, dass

alle in einer klaren, verständlichen Sprache kommunizieren, damit niemand ausgeschlossen wird.

Dialog 11: Kulturelle Sensibilität stärken

Pflegekraft K: Ich bin mir nicht sicher, wie ich mit den kulturellen Bedürfnissen einiger Bewohner umgehen soll.

Pflegeleitung: Wir werden Schulungen zur kulturellen Sensibilität anbieten, um sicherzustellen, dass alle Pflegekräfte gut informiert sind.

Dialog 12: Teamarbeit fördern

Pflegekraft L: Ich habe das Gefühl, dass in unserem Team eine Spaltung zwischen den nationalen und internationalen Mitarbeitenden herrscht.

Pflegeleitung: Wir werden ein gemeinsames Teamprojekt organisieren, um den Zusammenhalt zu stärken.

Dialog 13: Feedbackkultur etablieren

Pflegekraft M: Es fällt mir schwer, meine

Bedenken offen zu äußern, ohne Angst vor negativen Konsequenzen zu haben.

Pflegeleitung: Wir werden an einer offenen Feedbackkultur arbeiten, in der jeder seine Meinung äußern kann, ohne Angst haben zu müssen.

Dialog 14: Positive Diversitätsbeispiele hervorheben

Pflegekraft N: Manchmal habe ich das Gefühl, dass meine Arbeit weniger geschätzt wird, weil ich anders aussehe.

Pflegeleitung: Jeder im Team wird wegen seiner individuellen Beiträge geschätzt. Wir werden dies stärker betonen und anerkennen.

Dialog 15: Interkulturelle Verständigung fördern

Pflegekraft O: Ich verstehe manche kulturellen Praktiken unserer Bewohner nicht.

Pflegeleitung: Lassen Sie uns gemeinsam einen Workshop zur interkulturellen Kommunikation organisieren, damit wir voneinander lernen können.

Dialog 16: Vorurteile abbauen

Pflegekraft P: Ein Kollege hat gesagt, dass

ausländische Pflegekräfte weniger qualifiziert sind.

Pflegeleitung: Das ist ein gefährliches Vorurteil. Wir werden daran arbeiten, diese Stereotype aktiv zu bekämpfen und das gesamte Team für solche Themen zu sensibilisieren.

Dialog 17: Anerkennung für alle Teammitglieder

Pflegekraft Q: Ich habe das Gefühl, dass nur bestimmte Kollegen für ihre Arbeit gelobt werden.

Pflegeleitung: Wir werden sicherstellen, dass Anerkennung und Lob gleichmäßig verteilt werden und die Leistungen aller Mitarbeitenden gewürdigt werden.

Dialog 18: Diversität als Stärke anerkennen

Pflegekraft R: Manche Kollegen sehen Vielfalt als Problem.

Pflegeleitung: Vielfalt ist eine unserer größten Stärken. Wir werden daran arbeiten, dies im Team stärker zu verankern und die Vorteile hervorzuheben.

Dialog 19: Konfliktlösung fördern

Pflegekraft S: Es gibt immer wieder Spannungen im Team, die auf kulturelle Unterschiede zurückzuführen sind.

Pflegeleitung: Wir werden Mediationsgespräche anbieten, um diese Konflikte offen anzusprechen und Lösungen zu finden.

Dialog 20: Transparente Kommunikation fördern

Pflegekraft T: Ich fühle mich oft im Dunkeln gelassen, wenn es um wichtige Entscheidungen geht.

Pflegeleitung: Wir werden die Kommunikation im Team verbessern und sicherstellen, dass alle über wesentliche Entscheidungen informiert sind.

Dialog 21: Unterstützung bei Integration bieten

Pflegekraft U: Ich fühle mich manchmal überfordert, weil ich neu bin und nicht alles verstehe.

Pflegeleitung: Wir werden Ihnen einen erfahrenen Kollegen zur Seite stellen, der Ihnen hilft, sich besser einzugewöhnen.

Dialog 22: Umgang mit Diskriminierung unter

Bewohnern

Bewohner: Ich möchte nicht, dass diese
ausländische Pflegekraft mich betreut.

Pflegekraft V: Alle unsere Mitarbeitenden sind
qualifiziert und arbeiten professionell. Wir legen
großen Wert auf Respekt und Gleichbehandlung.

Dialog 23: Förderung von Empathie im Team

Pflegekraft W: Manche Kollegen zeigen wenig
Verständnis für die Schwierigkeiten, die ich habe.

Pflegeleitung: Wir werden daran arbeiten, die
Empathie im Team zu stärken und mehr Verständnis
füreinander zu entwickeln.

Dialog 24: Sensibilisierung für Diskriminierung

Pflegekraft X: Ich glaube, dass einige
Entscheidungen im Team durch unbewusste
Vorurteile beeinflusst werden.

Pflegeleitung: Wir werden Schulungen zu
unbewussten Vorurteilen anbieten, um
sicherzustellen, dass unsere Entscheidungen fair und
objektiv sind.

Dialog 25: Überwindung von Sprachbarrieren

Pflegekraft Y: Ich habe Schwierigkeiten, mich auszudrücken, weil Deutsch nicht meine Muttersprache ist.

Pflegeleitung: Wir werden Sprachkurse anbieten und mehr Zeit für Kommunikation einräumen, um diese Barrieren zu überwinden.

Dialog 26: Förderung von Gleichberechtigung

Pflegekraft Z: Es scheint, dass bestimmte Aufgaben immer an die gleichen Personen vergeben werden.

Pflegeleitung: Wir werden die Aufgabenverteilung überdenken und sicherstellen, dass alle gleichberechtigt behandelt werden.

Dialog 27: Umgang mit Anfeindungen durch Kollegen

Pflegekraft AA: Ein Kollege hat mich aufgrund meiner Herkunft angefeindet.

Pflegeleitung: Wir werden sofort eingreifen und sicherstellen, dass solche Anfeindungen nicht toleriert werden.

Dialog 28: Förderung von Teamgeist

Pflegekraft BB: Es gibt wenig Zusammenhalt im Team.

Pflegeleitung: Wir werden Teambuilding-Aktivitäten organisieren, um den Teamgeist zu stärken und das Vertrauen untereinander zu fördern.

Dialog 29: Erkennen und Beheben von Missständen

Pflegekraft CC: Ich habe das Gefühl, dass meine Bedenken nicht ernst genommen werden.

Pflegeleitung: Wir werden einen anonymen Feedbackkanal einrichten, damit alle Mitarbeitenden ihre Bedenken äußern können, ohne Angst vor Konsequenzen.

Dialog 30: Wertschätzung für kulturelle Vielfalt

Pflegekraft DD: Manchmal habe ich das Gefühl, dass meine kulturellen Bräuche nicht respektiert werden.

Pflegeleitung: Wir werden sicherstellen, dass kulturelle Unterschiede respektiert werden und Möglichkeiten schaffen, diese Bräuche zu integrieren.

Diese Dialogbeispiele zeigen, wie Pseudotoleranz in der Altenpflege aufgedeckt und durch echte, inklusive Praktiken ersetzt werden kann. Sie verdeutlichen, wie wichtig offene Kommunikation, Sensibilisierung und konkrete Maßnahmen zur Förderung von Diversität und Inklusion sind.

Teil 2 Mobbing der Bewohner durch das Pflegepersonal

Oft sind Pflegekräfte ausgelaugt und psychisch am Ende ihrer Kraft angekommen. Daraus resultieren im Umgang mit den Bewohnern Disharmonien, die von Mobbing bis hin zu Körperverletzung reichen können. Es gab auch schon Morde. Welche Probleme werden am häufigsten genannt wenn es um Mobbing von Bewohnern durch das Pflegepersonal kommt. Lassen Sie uns ein paar Beispiele aufführen und näher darauf eingehen, denn nur wenn wir die Themen, die wir normalerweise nicht ansprechen, in Augenschein nehmen und uns ihnen stellen, erreichen wir, dass das Miteinander besser funktioniert und niemand zu Schaden kommen muss.

Hier sind 30 Dialogbeispiele und Lösungsvorschläge, die Situationen im Altenheim thematisieren, in denen Bewohner durch das Pflegepersonal gemobbt oder schlecht behandelt werden könnten. Die Beispiele zeigen, wie man durch respektvolle Kommunikation und gezielte Maßnahmen solche Probleme ansprechen und lösen kann.

Dialog 1: Ansprechen von abwertenden Kommentaren

Bewohnerin: Warum werde ich immer so schroff behandelt?

Pflegekraft: Es tut mir leid, wenn es so rüberkommt. Wir werden darauf achten, respektvoller mit Ihnen umzugehen und Sie besser zu unterstützen.

Dialog 2: Förderung von Geduld und Empathie

Bewohner: Ich fühle mich oft gehetzt, wenn ich mich fertig machen muss.

Pflegekraft: Wir entschuldigen uns, wenn wir Sie unter Druck gesetzt haben. Wir werden uns mehr Zeit nehmen und sicherstellen, dass Sie in Ihrem eigenen Tempo vorankommen.

Dialog 3: Respektvolle Kommunikation sicherstellen

Bewohnerin: Ich habe das Gefühl, dass man nicht richtig mit mir spricht, sondern immer nur Anweisungen gibt.

Pflegekraft: Wir nehmen Ihre Rückmeldung ernst. Wir werden daran arbeiten, unsere Kommunikation zu verbessern und Sie mehr in Gespräche einzubeziehen.

Dialog 4: Vermeidung von Vernachlässigung

Bewohner: Manchmal fühle ich mich ignoriert und bekomme nicht die Hilfe, die ich brauche.

Pflegekraft: Das tut uns sehr leid. Wir werden sicherstellen, dass Ihre Bedürfnisse in Zukunft schneller und besser erfüllt werden.

Dialog 5: Umgang mit unfreundlichem Verhalten

Bewohnerin: Die Pflegerin hat mich gestern sehr unfreundlich behandelt.

Pflegekraft: Das sollte nicht passieren. Wir werden das intern besprechen und sicherstellen, dass Sie mit Respekt und Freundlichkeit behandelt werden.

Dialog 6: Förderung von persönlicher Autonomie

Bewohner: Ich möchte selbst entscheiden, wann ich ins Bett gehe, aber das wird mir oft verwehrt.

Pflegekraft: Wir respektieren Ihren Wunsch nach Autonomie. Lassen Sie uns gemeinsam einen Plan erstellen, der für alle passt.

Dialog 7: Beseitigung von Ungleichbehandlung

Bewohnerin: Ich habe das Gefühl, dass andere Bewohner besser behandelt werden als ich.

Pflegekraft: Es tut uns leid, dass Sie das so empfinden. Wir werden darauf achten, dass alle Bewohner gleich behandelt werden und Ihre Bedürfnisse berücksichtigt werden.

Dialog 8: Umgang mit körperlicher Grobheit

Bewohner: Ich wurde bei der Pflege grob angefasst.

Pflegekraft: Das ist nicht akzeptabel. Wir werden das sofort ansprechen und sicherstellen, dass so etwas nicht noch einmal passiert.

Dialog 9: Vermeidung von Herabsetzung

Bewohnerin: Man redet oft so, als wäre ich nicht mehr ganz bei Sinnen.

Pflegekraft: Das ist nicht in Ordnung. Wir werden sicherstellen, dass jeder Sie respektvoll behandelt und Ihre Meinung zählt.

Dialog 10: Fördern von Verständnis und Geduld

Bewohner: Ich brauche manchmal länger, um mich zu bewegen, aber die Pfleger werden schnell ungeduldig.

Pflegekraft: Wir werden mehr Geduld üben und Sie in Ihrem Tempo unterstützen, damit Sie sich wohlfühlen.

Dialog 11: Bekämpfung von Vernachlässigung in der Pflege

Bewohnerin: Meine Wunden werden nicht regelmäßig versorgt.

Pflegekraft: Das sollte nicht passieren. Wir werden sofort Maßnahmen ergreifen, um sicherzustellen, dass Ihre medizinische Versorgung ordnungsgemäß durchgeführt wird.

Dialog 12: Sensibilisierung für emotionale Bedürfnisse

Bewohner: Ich fühle mich oft einsam, weil sich niemand die Zeit nimmt, mit mir zu sprechen.

Pflegekraft: Das tut uns leid zu hören. Wir werden uns bemühen, Ihnen mehr Aufmerksamkeit zu schenken und Ihnen Gesellschaft zu leisten.

Dialog 13: Schutz vor Einschüchterung

Bewohnerin: Ich habe Angst, meine Meinung zu sagen, weil ich fürchte, dass man mich dann schlecht behandelt.

Pflegekraft: Ihre Meinung ist uns wichtig, und Sie sollten keine Angst haben, sie zu äußern. Wir werden sicherstellen, dass Sie sich sicher fühlen.

Dialog 14: Förderung von Vertrauen

Bewohner: Ich vertraue den Pflegekräften nicht, weil ich das Gefühl habe, dass sie hinter meinem Rücken über mich sprechen.

Pflegekraft: Wir entschuldigen uns, wenn wir

dieses Gefühl vermittelt haben. Wir werden daran arbeiten, das Vertrauen wiederherzustellen und offen mit Ihnen zu kommunizieren.

Dialog 15: Umgang mit Vorurteilen gegenüber Bewohnern

Bewohnerin: Ich habe das Gefühl, dass man mich wegen meiner Herkunft anders behandelt.

Pflegekraft: Das ist nicht akzeptabel. Wir werden sicherstellen, dass alle Bewohner unabhängig von ihrer Herkunft respektvoll und gleich behandelt werden.

Dialog 16: Schutz vor ungerechtfertigter Kritik

Bewohner: Ich werde ständig für Dinge kritisiert, die ich nicht beeinflussen kann.

Pflegekraft: Das tut uns leid. Wir werden in Zukunft sensibler darauf achten, wie wir mit Ihnen sprechen, und uns auf das Positive konzentrieren.

Dialog 17: Förderung von Respekt und Würde

Bewohnerin: Ich fühle mich oft entwürdigt, wenn man mit mir umgeht.

Pflegekraft: Wir entschuldigen uns dafür. Wir werden sicherstellen, dass Sie immer mit dem Respekt und der Würde behandelt werden, die Ihnen zustehen.

Dialog 18: Beseitigung von Ungleichheiten in der Versorgung

Bewohner: Manche bekommen bessere Pflege als ich.

Pflegekraft: Wir werden das überprüfen und sicherstellen, dass jeder die gleiche, hochwertige Pflege erhält.

Dialog 19: Schutz vor emotionaler Manipulation

Bewohnerin: Man versucht, mir Schuldgefühle einzureden, wenn ich um Hilfe bitte.

Pflegekraft: Das ist nicht in Ordnung. Wir werden darauf achten, dass Sie sich wohl und unterstützt fühlen, wenn Sie Hilfe brauchen.

Dialog 20: Förderung von Selbstbestimmung

Bewohner: Mir wird oft gesagt, was ich zu tun habe, ohne dass ich gefragt werde, was ich will.

Pflegekraft: Das tut uns leid. Wir werden in Zukunft sicherstellen, dass Ihre Wünsche und Bedürfnisse im Mittelpunkt stehen.

Dialog 21: Umgang mit Mobbing durch andere Bewohner

Bewohnerin: Andere Bewohner machen sich über mich lustig, und die Pflegekräfte unternehmen nichts dagegen.

Pflegekraft: Wir werden sofort Maßnahmen ergreifen, um sicherzustellen, dass Sie in einem sicheren und respektvollen Umfeld leben.

Dialog 22: Unterstützung bei Isolation

Bewohner: Ich fühle mich oft ausgeschlossen, weil niemand mit mir spricht.

Pflegekraft: Wir werden darauf achten, dass Sie sich nicht isoliert fühlen, und Sie mehr in Aktivitäten einbeziehen.

Dialog 23: Schutz vor Ungerechtigkeiten

Bewohnerin: Ich werde ungerecht behandelt, weil ich keine Angehörigen habe, die sich für mich einsetzen.

Pflegekraft: Das sollte nicht passieren. Wir werden sicherstellen, dass alle Bewohner gleich behandelt werden, unabhängig davon, ob sie Angehörige haben oder nicht.

Dialog 24: Umgang mit passivem Mobbing

Bewohner: Ich werde oft einfach ignoriert, wenn ich um etwas bitte.

Pflegekraft: Das tut uns sehr leid. Wir werden darauf achten, dass Ihre Anfragen ernst genommen und schnell bearbeitet werden.

Dialog 25: Förderung von Respekt für persönliche Grenzen

Bewohnerin: Man geht oft über meine persönlichen Grenzen hinweg, ohne mich zu fragen.

Pflegekraft: Das ist nicht akzeptabel. Wir werden sicherstellen, dass Ihre persönlichen Grenzen respektiert werden.

Dialog 26: Umgang mit kultureller Diskriminierung

Bewohner: Ich habe das Gefühl, dass man mich

aufgrund meiner Religion anders behandelt.

Pflegekraft: Wir entschuldigen uns, wenn Sie diesen Eindruck bekommen haben. Wir werden sicherstellen, dass alle Religionen respektiert werden und Ihre Bedürfnisse berücksichtigt werden.

Dialog 27: Schutz vor psychischem Druck

Bewohnerin: Ich werde oft unter Druck gesetzt, Dinge zu tun, die ich nicht will.

Pflegekraft: Das sollte nicht passieren. Wir werden darauf achten, dass Sie sich nicht unter Druck gesetzt fühlen und Ihre Entscheidungen respektiert werden.

Dialog 28: Förderung von offener Kommunikation

Bewohner: Ich habe das Gefühl, dass man mir nicht die Wahrheit sagt, wenn ich Fragen stelle.

Pflegekraft: Wir entschuldigen uns, wenn das so rüberkam. Wir werden in Zukunft transparenter und offener mit Ihnen kommunizieren.

Dialog 29: Umgang mit physischer Gewalt

Bewohnerin: Ich habe Angst, dass mir etwas

passiert, wenn ich mich wehre.

Pflegekraft: Wir werden sicherstellen, dass Sie in einem sicheren Umfeld leben, in dem Gewalt keinen Platz hat, und Ihre Sorgen sofort ernst nehmen.

Dialog 30: Förderung von gegenseitigem Respekt

Bewohner: Ich habe das Gefühl, dass ich als Last gesehen werde.

Pflegekraft: Das tut uns sehr leid. Wir werden daran arbeiten, dass Sie sich als wertvoller Teil der Gemeinschaft fühlen und mit Respekt behandelt werden.

Diese Dialoge zeigen, wie wichtig es ist, auf die Bedürfnisse und Sorgen der Bewohner einzugehen und sicherzustellen, dass sie in einem sicheren und respektvollen Umfeld leben. Offene Kommunikation und gezielte Maßnahmen zur Verbesserung der Arbeitskultur sind entscheidend, um Mobbing und Missbrauch in der Altenpflege zu verhindern.

Herausforderndes Verhalten in der Altenpflege kann eine Vielzahl von Ursachen haben, die oft komplex und vielschichtig sind. Es ist wichtig, die Gründe für solches Verhalten zu verstehen, um angemessen und respektvoll darauf reagieren zu können.

1. **Kognitive Beeinträchtigungen**

   - **Demenz:** Viele Bewohner in Altenheimen leiden unter Demenz oder anderen kognitiven Beeinträchtigungen, die zu Verwirrung, Desorientierung oder aggressivem Verhalten führen können. Diese Zustände beeinträchtigen das Urteilsvermögen und können zu Missverständnissen und Frustration führen.

   - **Gedächtnisverlust:** Bewohner können sich nicht an bestimmte Ereignisse oder Informationen erinnern, was zu Verwirrung und Verunsicherung führen kann. Dies kann sich in Form von Angst, Wut oder Misstrauen äußern.

2. **Psychische Erkrankungen**

   - **Depression:** Depressionen sind bei älteren Menschen weit verbreitet und können sich durch Rückzug, Reizbarkeit oder sogar Feindseligkeit äußern. Die Gefühle der Isolation und Hoffnungslosigkeit, die mit Depressionen einhergehen, können das Verhalten beeinflussen.

   - **Angststörungen:** Angst vor der Zukunft, vor dem Alleinsein oder vor körperlichem Verfall kann bei Bewohnern zu herausforderndem Verhalten führen. Diese Ängste können sich in Form von aggressivem oder defensivem Verhalten manifestieren.

3. **Physische Beschwerden**

- **Schmerzen:** Unbehandelte oder schlecht gemanagte Schmerzen sind eine häufige Ursache für herausforderndes Verhalten. Wenn Bewohner nicht in der Lage sind, ihren Schmerz verbal auszudrücken, kann dies zu Gereiztheit, Aggression oder Widerstand gegen Pflege führen.

- **Erkrankungen:** Akute oder chronische Erkrankungen wie Infektionen, Herzprobleme oder Diabetes können das Wohlbefinden beeinträchtigen und zu veränderten Verhaltensweisen führen.

4. **Medikamentenwirkungen**

- **Nebenwirkungen:** Manche Medikamente, die ältere Menschen einnehmen, können Nebenwirkungen wie Unruhe, Verwirrung oder Halluzinationen verursachen. Diese Nebenwirkungen können zu Verhaltensänderungen führen.

- **Polypharmazie:** Die gleichzeitige Einnahme mehrerer Medikamente kann zu Wechselwirkungen führen, die das Verhalten beeinflussen.

5. **Soziale und emotionale Faktoren**

- **Einsamkeit:** Das Gefühl von Einsamkeit und Isolation kann bei älteren Menschen tiefsitzende Traurigkeit oder Wut hervorrufen, die sich in herausforderndem Verhalten äußern kann.

- **Verlust von Autonomie:** Viele Bewohner empfinden den Verlust ihrer Unabhängigkeit als belastend. Die Abhängigkeit von anderen für alltägliche Aufgaben kann Frustration und Widerstand hervorrufen.

6. **Umweltfaktoren**

- **Überforderung:** Ein hektisches Umfeld oder zu viele Reize können ältere Menschen überfordern, was zu Stress und damit zu herausforderndem Verhalten führt.

- **Unangemessene Betreuung:** Wenn Pflegekräfte nicht ausreichend geschult sind oder die Bedürfnisse der Bewohner nicht vollständig verstehen, kann dies zu Missverständnissen und unangebrachten Reaktionen führen.

7. **Lebensgeschichtliche Erfahrungen**

- **Traumata:** Frühere traumatische Erlebnisse, wie Missbrauch oder Vernachlässigung, können im Alter wieder auftauchen und sich in Form von ängstlichem, aggressivem oder distanziertem Verhalten äußern.

- **Verluste:** Der Verlust von Lebenspartnern, Freunden oder Familienmitgliedern kann tiefe Trauer und Verzweiflung auslösen, die zu schwierigen Verhaltensweisen führen.

8. **Kulturelle und persönliche Werte**

- **Kulturelle Missverständnisse:** Unterschiede in kulturellen Werten und Traditionen können zu Missverständnissen führen, wenn Pflegepersonal und Bewohner unterschiedliche Hintergründe haben.

- **Persönliche Überzeugungen:** Bewohner können an bestimmten Überzeugungen oder Routinen festhalten, die für sie wichtig sind, und reagieren möglicherweise negativ, wenn diese nicht respektiert werden.

9. **Reaktion auf Pflegequalität**

- **Unzufriedenheit mit der Pflege:** Wenn Bewohner das Gefühl haben, dass ihre Bedürfnisse nicht erfüllt werden oder sie schlecht behandelt werden, kann dies zu herausforderndem Verhalten führen.

  - **Mangelnde Kommunikation:** Fehlende oder unzureichende Kommunikation zwischen Pflegepersonal und Bewohnern kann zu Missverständnissen und Frustration führen.

10. **Selbstschutzmechanismen**

  - **Verteidigung gegen wahrgenommene Bedrohungen:** Manche Bewohner reagieren auf wahrgenommene Bedrohungen oder Verletzungen ihrer Würde mit aggressivem Verhalten als eine Form des Selbstschutzes.

Verständnis und Geduld sind Schlüssel, um herausforderndes Verhalten zu deeskalieren. Indem Pflegekräfte die Ursachen hinter dem Verhalten erkennen und darauf eingehen, können sie eine respektvollere und unterstützendere Pflegeumgebung schaffen.

Ein persönliches Überlegenheitsgefühl des Pflegepersonals gegenüber den Bewohnern kann sich in einem Macht- und Geltungsdrang äußern, der das Arbeitsklima negativ beeinflusst und die

Beziehung zwischen Pflegenden und Bewohnern erheblich belastet. Solche Einstellungen und Verhaltensweisen können zu einer Reihe von problematischen Dynamiken führen.

1. **Ausdruck von Macht und Kontrolle**

- **Dominanzverhalten:** Pflegekräfte mit einem Überlegenheitsgefühl könnten versuchen, ihre Machtposition auszunutzen, indem sie Bewohner bevormunden oder deren Autonomie einschränken. Das kann sich in Anweisungen äußern, die den Bewohnern kaum Raum für eigene Entscheidungen lassen.

- **Willkürliche Entscheidungen:** Solche Pflegekräfte treffen möglicherweise Entscheidungen über die Pflege ohne Rücksicht auf die Wünsche oder Bedürfnisse der Bewohner, was deren Wohlbefinden und Würde beeinträchtigt.

2. **Mangel an Empathie**

- **Entmenschlichung:** Ein Überlegenheitsgefühl kann dazu führen, dass Pflegekräfte Bewohner als "niedriger" oder weniger wertvoll ansehen, was zu einer distanzierten und unempathischen Pflege führt. Das kann sich in der Missachtung der emotionalen Bedürfnisse der Bewohner zeigen.

- **Herablassende Kommunikation:** Pflegekräfte, die sich überlegen fühlen, könnten in einem herablassenden Ton sprechen, was die Bewohner erniedrigt und ihnen das Gefühl gibt, nicht ernst genommen zu werden.

3. **Geltungsdrang im Team**

- **Machtkämpfe:** Innerhalb des Pflegeteams kann ein solcher Geltungsdrang zu internen Konflikten führen, bei denen Pflegekräfte versuchen, ihre Position gegenüber Kollegen zu stärken, was das Teamklima belastet und die Zusammenarbeit erschwert.

- **Missbrauch von Verantwortung:** Pflegekräfte könnten ihre Position nutzen, um sich in den Vordergrund zu drängen oder wichtige Entscheidungen zu monopolisieren, was die Dynamik im Team destabilisiert.

4. **Negative Auswirkungen auf die Bewohner**

- **Gefühl der Hilflosigkeit:** Bewohner, die einem solchen Verhalten ausgesetzt sind, können sich hilflos und unterdrückt fühlen, was ihre psychische Gesundheit beeinträchtigen kann.

- **Rückzug und Isolation:** Bewohner könnten sich aus sozialen Aktivitäten zurückziehen oder ihre

Bedürfnisse nicht mehr äußern, aus Angst, schlecht behandelt zu werden.

5. **Ursachen des Überlegenheitsgefühls

 - **Berufsbedingte Stressbewältigung:**

Manche Pflegekräfte entwickeln ein Überlegenheitsgefühl als Bewältigungsmechanismus für den Stress und die Belastungen ihres Berufs. Indem sie sich über die Bewohner stellen, versuchen sie, ihre eigene Unsicherheit oder Überforderung zu kompensieren.

 - **Unzureichende Ausbildung:**

Ein Mangel an Ausbildung in den Bereichen Empathie und zwischenmenschliche Kommunikation kann dazu führen, dass Pflegekräfte ein falsches Verständnis ihrer Rolle entwickeln, was zu Überlegenheitsgefühlen führen kann.

 - **Fehlende Supervision:**

Ohne regelmäßige Supervision oder Reflexion ihrer Arbeit könnten Pflegekräfte in Machtmissbrauch und Überlegenheitsgefühle verfallen, ohne dies bewusst wahrzunehmen.

6. **Lösungsansätze**

  - **Schulung und Weiterbildung:**

Regelmäßige Schulungen zur Empathie, Kommunikation und ethischen Pflegepraxis können helfen, Überlegenheitsgefühle abzubauen und eine respektvolle Pflegekultur zu fördern.

  - **Supervision und Reflexion:**

Etablierung von Supervisionsgruppen, in denen Pflegekräfte ihr Verhalten reflektieren und Unterstützung bei der Bewältigung von Macht- und Kontrollbedürfnissen erhalten.

  - **Förderung einer Teamkultur:**

Eine Kultur der Zusammenarbeit und des Respekts innerhalb des Pflegeteams kann dazu beitragen, Machtkämpfe zu reduzieren und ein unterstützendes Arbeitsumfeld zu schaffen.

  - **Stärkung der Bewohnerrechte:**

Sicherstellen, dass Bewohner über ihre Rechte aufgeklärt sind und eine Stimme in der Gestaltung ihrer Pflege haben, kann helfen, Machtmissbrauch zu verhindern.

Ein respektvoller Umgang mit den Bewohnern und
die Reflexion über das eigene Verhalten sind
entscheidend, um Macht- und Geltungsdrang in der
Altenpflege zu verhindern und ein Umfeld zu
schaffen, in dem sich alle Beteiligten wohl und
respektiert fühlen.

Die Erziehung im Elternhaus prägt die Werte,
Verhaltensweisen und Einstellungen einer Person
und kann unbewusst auf den Umgang mit
Bewohnern in der Altenpflege übertragen werden.
Diese Übertragungsmechanismen sind oft subtil,
aber sie können das Pflegeverhalten stark
beeinflussen.

1. **Autoritäre Erziehung und Kontrolle**

   - **Strenge und Kontrolle:** Pflegekräfte, die in
einem autoritären Elternhaus aufgewachsen sind,
neigen möglicherweise dazu, strenge und
kontrollierende Verhaltensweisen zu übernehmen.
Sie könnten dazu neigen, Regeln strikt durchzusetzen
und den Bewohnern wenig Raum für

Eigenständigkeit zu lassen.

- **Wenig Spielraum für Diskussionen:** Solche Pflegekräfte könnten Schwierigkeiten haben, auf die Wünsche und Bedürfnisse der Bewohner einzugehen, da sie es gewohnt sind, dass Anweisungen ohne Diskussion befolgt werden.

2. **Fürsorgliche Erziehung und Überprotektion**

- **Übermäßige Fürsorge:** Pflegekräfte, die in einem überprotektiven Umfeld aufgewachsen sind, könnten dazu neigen, die Bewohner übermäßig zu behüten und ihnen dadurch Autonomie zu entziehen. Sie könnten das Bedürfnis haben, alles für die Bewohner zu erledigen, anstatt ihre Selbstständigkeit zu fördern.

- **Vermeidung von Konflikten:** Sie könnten auch Schwierigkeiten haben, Konflikte oder unangenehme Situationen anzusprechen, aus Angst, die Bewohner zu belasten oder zu verärgern.

3. **Vernachlässigende Erziehung und emotionale Distanz**

- **Emotionale Distanz:** Wer in einem emotional distanzierten Elternhaus aufgewachsen ist, könnte Schwierigkeiten haben, enge und unterstützende Beziehungen zu den Bewohnern aufzubauen. Solche

Pflegekräfte könnten sich eher auf die rein technischen Aspekte der Pflege konzentrieren und emotionale Bedürfnisse der Bewohner vernachlässigen.

- **Unzureichende Kommunikation:** Es könnte ihnen schwerfallen, auf die emotionalen Signale der Bewohner einzugehen und eine offene, warme Kommunikation zu pflegen.

4. **Perfektionistische Erziehung und hohe Erwartungen**

- **Hohe Ansprüche:** Pflegekräfte, die in einem Umfeld mit hohen Erwartungen aufgewachsen sind, könnten diese Ansprüche auf die Bewohner übertragen. Sie könnten unbewusst erwarten, dass die Bewohner bestimmte Verhaltensweisen an den Tag legen, und sind möglicherweise weniger geduldig, wenn diese Erwartungen nicht erfüllt werden.

- **Kritisches Verhalten:** Solche Pflegekräfte könnten die Bewohner unbewusst kritisieren oder deren Verhalten bewerten, anstatt empathisch und unterstützend zu agieren.

5. **Erziehung zur Selbständigkeit und Förderung der Autonomie**

- **Förderung der Selbstständigkeit:**
Pflegekräfte, die in einem Umfeld aufgewachsen
sind, das die Selbstständigkeit fördert, könnten dazu
neigen, den Bewohnern viel Freiraum zu lassen und
ihre Selbstbestimmung zu unterstützen. Sie könnten
ermutigen, dass die Bewohner so viel wie möglich
selbst erledigen, was positiv zur Erhaltung der
Autonomie beiträgt.

- **Vertrauen und Respekt:** Diese Pflegekräfte
bringen den Bewohnern möglicherweise ein hohes
Maß an Vertrauen entgegen und respektieren deren
Entscheidungen und Wünsche.

6. **Erziehung zu Mitgefühl und sozialer
Verantwortung**

- **Empathisches Verhalten:** Wer in einem
mitfühlenden und sozial verantwortlichen Umfeld
aufgewachsen ist, bringt diese Werte oft in die Pflege
ein. Solche Pflegekräfte sind in der Regel besonders
sensibel für die Bedürfnisse der Bewohner und
bemühen sich um ein unterstützendes und
respektvolles Umfeld.

- **Kollektivismus:** Sie könnten auch die
Bedeutung von Gemeinschaft und gegenseitiger
Unterstützung betonen, was sich positiv auf die
Teamarbeit und den Umgang mit Bewohnern
auswirkt.

7. **Übertragung von Rollenmustern**

- **Traditionelle Rollenbilder:** Pflegekräfte, die in einem Umfeld mit stark traditionellen Rollenbildern aufgewachsen sind, könnten diese auf ihre Arbeit übertragen. Sie könnten zum Beispiel Frauen in pflegenden Rollen und Männer in administrativen oder technischen Aufgaben sehen, was das Verhalten gegenüber Bewohnern und Kollegen beeinflussen kann.

- **Autoritätsverhältnis:** Die Wahrnehmung von Autorität und Unterordnung aus der eigenen Erziehung kann beeinflussen, wie Pflegekräfte ihre Rolle gegenüber den Bewohnern verstehen – ob sie diese als Autoritätsfiguren oder eher als gleichwertige Partner betrachten.

8. **Konfliktbewältigungsstrategien**

- **Umgang mit Konflikten:** Der in der Kindheit erlernte Umgang mit Konflikten wird oft auf die Arbeit übertragen. Pflegekräfte, die gelernt haben, Konflikte zu vermeiden oder zu unterdrücken, könnten Schwierigkeiten haben, konstruktiv mit Auseinandersetzungen im Altenheim umzugehen.

- **Aggression oder Rückzug:** Je nach erlerntem Verhalten könnten Pflegekräfte aggressiv auf

Herausforderungen reagieren oder sich zurückziehen, was das Pflegeklima negativ beeinflussen kann.

9. **Bewältigungsmechanismen in Stresssituationen**

 - **Erlernte Resilienz:** Pflegekräfte, die in ihrer Kindheit Resilienz und positive Bewältigungsstrategien erlernt haben, sind oft besser in der Lage, mit den emotionalen und physischen Anforderungen der Pflege umzugehen, ohne auf die Bewohner Druck auszuüben.

 - **Stress und Reaktionen:** Wer Stress in der Kindheit durch Überkontrolle oder Fluchtmechanismen bewältigt hat, könnte diese Reaktionen unbewusst in stressigen Pflegesituationen wiederholen.

10. **Umgang mit Macht und Autorität**

 - **Reproduktion von Machtstrukturen:** Pflegekräfte könnten die in ihrer Familie erlebten Machtstrukturen reproduzieren, indem sie versuchen, Autorität über die Bewohner auszuüben oder ihre Macht im Pflegealltag zu demonstrieren.

 - **Unterwürfigkeit oder Rebellion:** Je nach Erziehung könnten sie entweder dazu neigen, sich

Autoritäten unterzuordnen und Anweisungen ohne Hinterfragen auszuführen, oder sie könnten rebellisch reagieren, wenn sie sich eingeengt fühlen.

Die Reflexion über die eigene Erziehung und deren Einfluss auf das Verhalten in der Pflege ist entscheidend, um unbewusste Übertragungsmechanismen zu erkennen und zu hinterfragen. Durch Schulungen und Supervision können Pflegekräfte darin unterstützt werden, ein professionelles und reflektiertes Verhalten zu entwickeln, das auf den individuellen Bedürfnissen der Bewohner basiert und nicht durch unbewusste Muster aus der eigenen Erziehung geprägt ist.

Psychische Erkrankungen bei Pflegepersonal können den Umgang mit Bewohnern erheblich beeinflussen und sowohl die Pflegequalität als auch das Wohlbefinden der Bewohner beeinträchtigen. Es ist wichtig, diese Herausforderungen zu erkennen und entsprechende Unterstützung und Interventionen anzubieten.

1. **Burnout**

- **Symptome und Auswirkungen:**

Pflegekräfte mit Burnout erleben oft emotionale Erschöpfung, reduzierte Leistungsfähigkeit und eine distanzierte Haltung gegenüber den Bewohnern. Dies kann zu Gleichgültigkeit, vermindertem Einfühlungsvermögen und einer mechanischen Pflege führen.

- **Umgang mit Bewohnern:**

Die emotionale Distanz kann dazu führen, dass die Pflegekräfte weniger aufmerksam auf die Bedürfnisse der Bewohner reagieren, was zu Vernachlässigung oder unzureichender Betreuung führen kann.

2. **Depression**

- **Symptome und Auswirkungen:**

Depressionen äußern sich durch anhaltende Traurigkeit, Antriebslosigkeit und Verlust des Interesses an früheren Aktivitäten. Pflegekräfte mit Depressionen können Schwierigkeiten haben, die notwendige Energie und Aufmerksamkeit für die Pflegearbeit aufzubringen.

- **Umgang mit Bewohnern:**

Bewohner könnten die mangelnde emotionale Verfügbarkeit oder die gereizte Stimmung der

Pflegekraft bemerken, was die Beziehung belasten und das Vertrauen schwächen kann. Zudem könnte es zu Verzögerungen in der Pflege oder unzureichender Kommunikation kommen.

3. **Borderline-Persönlichkeitsstörung**

   - **Symptome und Auswirkungen:**

Diese Störung ist gekennzeichnet durch emotionale Instabilität, Impulsivität und ein gestörtes Selbstbild. Pflegekräfte mit Borderline-Symptomen könnten Schwierigkeiten haben, stabile Beziehungen zu den Bewohnern aufzubauen, und könnten in ihren Reaktionen sehr schwankend sein.

   - **Umgang mit Bewohnern:**

Die Unberechenbarkeit des Verhaltens könnte bei Bewohnern Verwirrung und Unsicherheit auslösen. Pflegekräfte könnten auf Kleinigkeiten überreagieren oder sich plötzlich zurückziehen, was zu einem unberechenbaren Pflegeumfeld führt.

4. **ADHS (Aufmerksamkeitsdefizit-Hyperaktivitätsstörung)**

   - **Symptome und Auswirkungen:**

ADHS kann sich durch Unaufmerksamkeit,

Hyperaktivität und Impulsivität äußern. Pflegekräfte mit ADHS könnten Schwierigkeiten haben, sich auf Aufgaben zu konzentrieren, was zu Fehlern oder unvollständiger Pflege führen könnte.

  - **Umgang mit Bewohnern:**

Bewohner könnten die Zerstreutheit oder die Unfähigkeit der Pflegekraft, aufmerksam zuzuhören, als Desinteresse wahrnehmen. Die Pflegekraft könnte auch impulsiv handeln, was zu unvorhersehbaren Pflegehandlungen führt.

5. **Dissoziative Persönlichkeitsstörungen**

  - **Symptome und Auswirkungen:**

Diese Störungen beinhalten oft eine Fragmentierung des Bewusstseins, was zu Verwirrung, Amnesie oder unterschiedlichen Persönlichkeitszuständen führen kann. Pflegekräfte mit dissoziativen Störungen könnten Schwierigkeiten haben, konsistent und zuverlässig zu arbeiten.

  - **Umgang mit Bewohnern:**

Bewohner könnten das wechselnde Verhalten oder die offensichtliche Abwesenheit der Pflegekraft als irritierend oder verwirrend empfinden. In extremen Fällen könnten Bewohner unsachgemäß betreut oder vernachlässigt werden.

6. **Essstörungen**

  - **Symptome und Auswirkungen:**

Essstörungen wie Anorexie oder Bulimie betreffen das Essverhalten und können zu körperlicher Schwäche, Konzentrationsschwierigkeiten und erhöhter Reizbarkeit führen. Pflegekräfte mit Essstörungen könnten körperlich nicht in der Lage sein, die Anforderungen des Jobs zu erfüllen, oder sie könnten sich zu sehr auf die Kontrolle von Essgewohnheiten konzentrieren, was die Arbeit beeinträchtigt.

  - **Umgang mit Bewohnern:**

Die Pflegekraft könnte ihre eigenen Essstörungen auf Bewohner projizieren, indem sie deren Ernährung übermäßig kontrolliert oder vernachlässigt. Dies könnte zu unangemessenen Empfehlungen oder Einschränkungen führen.

Allgemeine Herausforderungen und Lösungen

  - **Verminderte Pflegequalität:**

Psychische Erkrankungen können zu Fehlern, Vernachlässigung oder unangemessener Pflege führen. Es ist wichtig, dass Pflegeeinrichtungen eine unterstützende Umgebung schaffen, in der psychische Gesundheit thematisiert und nicht stigmatisiert wird.

- **Erhöhte Konfliktpotenziale:**

Pflegekräfte mit psychischen Erkrankungen könnten häufiger in Konflikte mit Bewohnern oder Kollegen geraten. Regelmäßige Supervision und Mediation können helfen, solche Konflikte frühzeitig zu erkennen und zu lösen.

- **Schulung und Sensibilisierung:**

Pflegekräfte sollten regelmäßig geschult werden, um psychische Erkrankungen zu erkennen, sowohl bei sich selbst als auch bei Kollegen, und wissen, wie sie Hilfe in Anspruch nehmen können.

- **Unterstützungssysteme:**

Zugang zu psychologischer Beratung, betriebliches Gesundheitsmanagement und flexible Arbeitszeiten können Pflegekräften helfen, ihre psychische Gesundheit zu erhalten und gleichzeitig eine hohe Pflegequalität sicherzustellen.

Psychische Erkrankungen bei Pflegekräften erfordern ein hohes Maß an Achtsamkeit und Unterstützung von Seiten des Managements, um sowohl das Wohl der Pflegenden als auch der Bewohner zu gewährleisten. Ein offenes und unterstützendes Arbeitsumfeld kann dazu beitragen, die negativen Auswirkungen solcher Erkrankungen auf die Pflegepraxis zu minimieren.

Neid und Missgunst auf die finanzielle Situation von Bewohnern sowie daraus resultierende Diebstahlhandlungen sind ernste Probleme in der Altenpflege. Solche Situationen können nicht nur das Vertrauen zwischen Bewohnern und Pflegekräften zerstören, sondern auch rechtliche Konsequenzen nach sich ziehen.

1. **Neid und Missgunst auf die finanzielle Situation der Bewohner**

   - **Ursachen:**

Pflegekräfte können Neid und Missgunst gegenüber wohlhabenderen Bewohnern entwickeln, insbesondere wenn sie selbst unter finanziellen Belastungen leiden. Das tägliche Arbeiten in der

Nähe von Menschen, die möglicherweise mehr finanzielle Ressourcen haben, kann zu Frustration und negativen Gefühlen führen.

- **Auswirkungen:**

Diese Gefühle können sich in Form von schlechterer Pflege, absichtlicher Vernachlässigung oder sogar feindlichem Verhalten gegenüber den wohlhabenderen Bewohnern äußern. Es kann auch zu unfairer Behandlung kommen, bei der Pflegekräfte bewusst mehr Zeit und Aufmerksamkeit auf ärmere Bewohner verwenden, um ein Gefühl der Gerechtigkeit oder des Ausgleichs herzustellen.

2. **Diebstahl von Bewohnern**

- **Motivationen:**

Der Wunsch, finanzielle Ungleichheiten auszugleichen, kann dazu führen, dass Pflegekräfte versuchen, Bewohner finanziell auszubeuten. Dies kann in Form von direkten Diebstählen, wie das Mitnehmen von Bargeld oder Wertsachen, oder durch subtilere Formen des Missbrauchs geschehen, etwa durch Manipulation der Bewohner, um an deren Geld oder Vermögenswerte zu gelangen.

- **Rechtliche Konsequenzen:**

Diebstahl in Pflegeeinrichtungen ist ein schwerwiegendes Vergehen und kann rechtliche

Schritte nach sich ziehen. Pflegekräfte, die des Diebstahls überführt werden, riskieren nicht nur den Verlust ihres Arbeitsplatzes, sondern auch strafrechtliche Verfolgung. Dies kann zu einer Freiheitsstrafe, hohen Geldstrafen und einem dauerhaften Eintrag im Strafregister führen, was die zukünftigen Beschäftigungsmöglichkeiten stark einschränkt.

Lösungsvorschläge und Präventionsmaßnahmen

1. **Offene Kommunikation und Schulungen:**

   - **Schulungen zur Ethik:**

Regelmäßige Schulungen zur Ethik und den rechtlichen Konsequenzen von Diebstahl und Missbrauch in der Pflege sollten verpflichtend sein. Diese Schulungen können das Bewusstsein für die Bedeutung der Integrität in der Pflege erhöhen.

   - **Austausch im Team:**

Förderung einer offenen Kommunikation im Team, bei der Pflegekräfte über ihre Sorgen und Frustrationen sprechen können, bevor diese zu negativen Handlungen führen.

2. **Klare Regeln und Überwachung:**

- **Strenge Kontrollen:**

Implementierung von strengen Kontrollen und Überwachungssystemen, um Diebstahl vorzubeugen. Dies könnte durch regelmäßige Inventuren und stichprobenartige Überprüfungen von Wertsachen in den Zimmern der Bewohner erfolgen.

- **Transparente Verfahren:**

Klare Verfahren zur Meldung und Bearbeitung von Verdachtsfällen sollten etabliert sein, damit sowohl Bewohner als auch Pflegekräfte wissen, wie sie vorgehen können, wenn sie Unregelmäßigkeiten bemerken.

3. **Unterstützung für Pflegekräfte:**

- **Psychologische Unterstützung:**

Pflegekräfte, die mit Neid, Missgunst oder anderen negativen Gefühlen zu kämpfen haben, sollten Zugang zu psychologischer Unterstützung oder Beratungsangeboten haben. Dies kann helfen, negative Emotionen zu verarbeiten und zu verhindern, dass sie in destruktives Verhalten umschlagen.

- **Finanzielle Bildung und Unterstützung:**

Angebote zur finanziellen Bildung und Unterstützung für Pflegekräfte könnten helfen, die Ursachen von

Neid und Missgunst zu reduzieren. Dies könnte durch Workshops zur Haushaltsführung oder durch die Bereitstellung von Ressourcen für Pflegekräfte in finanziellen Notlagen geschehen.

4. **Konsequente Sanktionierung:**

  - **Klare Sanktionen:**

Es muss klar kommuniziert werden, dass jegliche Form von Diebstahl und Missbrauch nicht toleriert wird und dass solche Handlungen strenge Konsequenzen nach sich ziehen. Dies kann durch eine Null-Toleranz-Politik unterstrichen werden, bei der jeder Vorfall gründlich untersucht und gegebenenfalls rechtlich verfolgt wird.

  - **Transparenz in der Aufarbeitung:**

 Transparente Aufarbeitung und Kommunikation von Vorfällen innerhalb der Einrichtung, um ein abschreckendes Beispiel zu setzen und anderen Pflegekräften zu zeigen, dass solche Handlungen nicht ohne Folgen bleiben.

Durch präventive Maßnahmen, Unterstützungssysteme und eine konsequente Sanktionierung kann das Risiko von Diebstahl und Missbrauch in Pflegeeinrichtungen minimiert werden. Gleichzeitig wird ein Arbeitsumfeld geschaffen, das auf Vertrauen, Integrität und Respekt basiert.

Beschwichtigung statt Beschäftigung der Bewohner ist ein häufiges Problem in Altenheimen und Pflegeeinrichtungen. Dabei werden Bewohner oft nur beruhigt oder abgelenkt, anstatt ihnen sinnvolle und anregende Aktivitäten anzubieten, die ihre geistigen, körperlichen und emotionalen Bedürfnisse erfüllen.

Ursachen für Beschwichtigung statt Beschäftigung

1. **Personalmangel**

   - Pflegekräfte sind oft überlastet und haben wenig Zeit, sich intensiv mit den Bewohnern zu beschäftigen. Dies führt dazu, dass sie auf schnelle, aber wenig anspruchsvolle Maßnahmen zurückgreifen, um die Bewohner ruhig zu halten.

2. **Mangelnde Ausbildung und Sensibilisierung**

   - Pflegekräfte und Betreuungspersonal sind nicht

immer ausreichend geschult, um die Bedeutung von Beschäftigung für das Wohlbefinden der Bewohner zu verstehen. Es fehlt oft an Wissen über geeignete Aktivitäten, die den individuellen Bedürfnissen und Fähigkeiten der Bewohner entsprechen.

3. **Zeitdruck**

- Der hohe Druck, alltägliche Pflegeaufgaben zu bewältigen, führt dazu, dass Beschäftigung oft als zweitrangig betrachtet wird. Es wird eher als „nice-to-have" gesehen, statt als integraler Bestandteil der Pflege.

4. **Fehlende Ressourcen**

- Oft fehlen in Pflegeeinrichtungen die nötigen Ressourcen, um abwechslungsreiche Beschäftigungsangebote zu machen. Dies kann sich auf Materialien, Räumlichkeiten oder speziell geschultes Personal beziehen.

5. **Unterbewusste Altersdiskriminierung**

- In manchen Fällen kann eine unterschwellige Altersdiskriminierung dazu führen, dass die Bedürfnisse älterer Menschen nach aktiver Teilnahme am Leben unterschätzt werden. Es wird angenommen, dass ältere Menschen ohnehin keine anspruchsvollen Aktivitäten mehr benötigen oder wünschen.

Auswirkungen auf die Bewohner

1. **Kognitive und körperliche Verschlechterung**

- Ohne regelmäßige geistige und körperliche Anregung können kognitive Fähigkeiten und körperliche Gesundheit der Bewohner rapide abnehmen. Dies kann zu einer schnelleren Verschlechterung des Allgemeinzustands führen.

2. **Soziale Isolation**

- Bewohner, die nicht regelmäßig beschäftigt werden, können sich isoliert und einsam fühlen. Dies verstärkt Gefühle der Nutzlosigkeit und kann depressive Verstimmungen fördern.

3. **Verlust von Selbstwertgefühl**

- Wenn Bewohner nicht in Aktivitäten eingebunden werden, die sie interessieren und ihnen Freude bereiten, verlieren sie oft das Gefühl, etwas beitragen zu können oder gebraucht zu werden. Dies kann zu einem deutlichen Rückgang des Selbstwertgefühls führen.

4. **Erhöhte Unruhe und Aggression**

- Bewohner, die nicht ausreichend beschäftigt werden, neigen eher zu Unruhezuständen, Langeweile und sogar aggressivem Verhalten, da sie keine sinnvollen Möglichkeiten haben, ihre Energie und Gedanken zu kanalisieren.

Lösungsvorschläge

1. **Personalschulungen und Weiterbildung**

- Regelmäßige Schulungen sollten durchgeführt werden, um das Personal für die Bedeutung und Methoden der sinnvollen Beschäftigung zu sensibilisieren. Dabei sollten sie lernen, individuelle Bedürfnisse der Bewohner zu erkennen und darauf einzugehen.

2. **Integration von Beschäftigung in den Pflegealltag**

- Beschäftigungsangebote sollten nicht als Zusatzaufgabe betrachtet werden, sondern als integraler Bestandteil der Pflege. Zeitpläne sollten so gestaltet werden, dass regelmäßige, individuell angepasste Beschäftigungszeiten fest eingeplant sind.

3. **Anpassung der Aktivitäten an die Bewohner**

- Aktivitäten sollten auf die Interessen, Fähigkeiten und das kognitive Niveau der Bewohner abgestimmt sein. Dies kann von kreativen Tätigkeiten über leichte körperliche Betätigung bis hin zu gesellschaftlichen Spielen oder Musik reichen.

4. **Einbindung von Ehrenamtlichen und Angehörigen**

- Um das Angebot an Beschäftigungen zu erweitern, können Ehrenamtliche oder Angehörige stärker einbezogen werden. Sie können zusätzliche Unterstützung bieten und helfen, eine größere Vielfalt an Aktivitäten anzubieten.

5. **Einsatz von Technik und Hilfsmitteln**

- Moderne Technologien, wie Tablets oder interaktive Spiele, können eine gute Ergänzung sein, um Bewohner zu beschäftigen. Diese Tools bieten oft eine einfache Möglichkeit, auf die individuellen Vorlieben der Bewohner einzugehen und ihre kognitiven Fähigkeiten zu fördern.

6. **Kleine Gruppenaktivitäten fördern**

- Statt großer, unpersönlicher Veranstaltungen sollten kleine Gruppenaktivitäten gefördert werden, bei denen die Pflegekräfte enger auf die Bedürfnisse und Interessen der einzelnen Bewohner eingehen können.

7. **Regelmäßige Evaluation und Anpassung**

- Beschäftigungsprogramme sollten regelmäßig evaluiert und angepasst werden, um sicherzustellen, dass sie den aktuellen Bedürfnissen der Bewohner gerecht werden. Dies erfordert Feedback sowohl von den Bewohnern als auch vom Pflegepersonal.

Durch eine konsequente Umsetzung dieser Maßnahmen kann sichergestellt werden, dass die Bewohner nicht nur ruhiggestellt, sondern auch sinnvoll beschäftigt werden, was ihre Lebensqualität erheblich verbessern kann.

Verbale Gewalt gegen Bewohner in Altenheimen ist ein ernstes Problem, das schwerwiegende Auswirkungen auf das Wohlbefinden und die psychische Gesundheit der betroffenen Personen haben kann. Sie umfasst jegliche Art von beleidigenden, erniedrigenden, herabsetzenden oder bedrohlichen Äußerungen, die durch Pflegekräfte oder andere Mitarbeiter gegenüber den Bewohnern gerichtet werden.

Ursachen für verbale Gewalt gegen Bewohner

1. **Stress und Überlastung des Personals**

   - Pflegekräfte, die unter erheblichem Stress und Zeitdruck stehen, sind möglicherweise weniger geduldig und einfühlsam. Dies kann dazu führen, dass sie ihre Frustrationen und Belastungen auf die Bewohner abwälzen.

2. **Mangelnde Ausbildung in Kommunikation**

   - Ein Mangel an Schulungen in angemessener Kommunikation und Konfliktlösung kann dazu führen, dass Pflegekräfte nicht wissen, wie sie schwierige Situationen ohne verbale Aggression bewältigen können.

3. **Fehlende Aufsicht und Kontrolle**

   - Wenn es keine effektiven Überwachungsmechanismen gibt, kann verbale Gewalt unbemerkt bleiben und nicht rechtzeitig angegangen werden.

4. **Unzureichende Personalressourcen**

   - Überlastung und Personalmangel können dazu führen, dass Pflegekräfte frustriert werden und ihre Frustration in Form von verbaler Gewalt an den Bewohnern auslassen.

5. **Fehlende Unterstützungssysteme**

   - Ein Mangel an Unterstützungssystemen für das Pflegepersonal, wie Supervision oder psychologische Beratung, kann dazu beitragen, dass negative Emotionen nicht konstruktiv verarbeitet werden.

6. **Unprofessionelles Verhalten und Einstellung**

- Eine unprofessionelle Haltung oder persönliche Vorurteile können dazu führen, dass Pflegekräfte mit den Bewohnern auf respektlose oder herabsetzende Weise umgehen.

Auswirkungen auf die Bewohner

1. **Psychische Schäden**

   - Wiederholte verbale Angriffe können zu ernsthaften psychischen Problemen führen, einschließlich Angstzuständen, Depressionen und einem verminderten Selbstwertgefühl.

2. **Einschränkung der sozialen Interaktion**

   - Bewohner, die verbal misshandelt werden, können sich isolieren oder sich von sozialen Aktivitäten zurückziehen, was zu weiterem emotionalem Stress führt.

3. **Verschlechterung der allgemeinen Gesundheit**

   - Die psychische Belastung durch verbale Gewalt kann sich negativ auf die körperliche Gesundheit auswirken und bestehende gesundheitliche Probleme verschärfen.

4. **Vertrauensverlust**

- Wenn Bewohner erleben, dass sie respektlos behandelt werden, verlieren sie möglicherweise das Vertrauen in das Pflegepersonal und die gesamte Einrichtung.

Lösungsvorschläge zur Vermeidung und Bekämpfung verbaler Gewalt

1. **Schulungen und Weiterbildung**

- Pflegekräfte sollten regelmäßig in Kommunikation, Konfliktbewältigung und professionellem Verhalten geschult werden. Schulungen sollten auch den Umgang mit Stress und Belastungen beinhalten.

2. **Klare Verhaltensrichtlinien**

- Pflegeeinrichtungen sollten klare Richtlinien für den Umgang mit Bewohnern aufstellen, die respektvolle und gewaltfreie Kommunikation vorschreiben. Diese Richtlinien sollten regelmäßig überprüft und durchgesetzt werden.

3. **Stärkung des Unterstützungssystems**

- Ein robustes Unterstützungssystem für das Pflegepersonal, einschließlich regelmäßiger Supervision und psychologischer Unterstützung, kann helfen, Stress abzubauen und emotionale Unterstützung zu bieten.

4. **Förderung eines positiven Arbeitsumfelds**

- Ein Arbeitsumfeld, das Wert auf Teamarbeit, Anerkennung und Wertschätzung legt, kann dazu beitragen, die Arbeitszufriedenheit zu erhöhen und das Risiko verbaler Gewalt zu reduzieren.

5. **Implementierung von Beschwerdeverfahren**

- Bewohner und ihre Angehörigen sollten einfache und vertrauliche Möglichkeiten haben, Beschwerden über verbale Misshandlung einzureichen. Diese Verfahren sollten transparent und fair sein.

6. **Regelmäßige Beobachtungen und Feedback**

- Regelmäßige Beobachtungen des Verhaltens des Pflegepersonals und der Interaktionen mit Bewohnern können helfen, Probleme frühzeitig zu erkennen. Feedback sollte konstruktiv sein und auf Verbesserung abzielen.

7. **Förderung der Bewohnerbeteiligung**

- Die Einbeziehung der Bewohner in die Planung und Durchführung ihrer Pflege kann dazu beitragen, dass sie sich respektiert und gehört fühlen. Dies kann auch dazu beitragen, die Beziehung zwischen Bewohnern und Pflegepersonal zu verbessern.

8. **Konsequente Sanktionen**

- Verstöße gegen die Richtlinien für respektvolle Kommunikation sollten konsequent geahndet werden. Disziplinarmaßnahmen sollten klar definiert und transparent sein, um sicherzustellen, dass alle Beteiligten die Ernsthaftigkeit der Richtlinien verstehen.

9. **Erkennung von Warnsignalen**

- Pflegekräfte sollten geschult werden, Warnsignale für verbale Gewalt bei Kollegen frühzeitig zu erkennen und geeignete Maßnahmen zu ergreifen, um das Problem zu adressieren.

10. **Stärkung der Resilienz der Pflegekräfte**

   - Programme zur Stärkung der Resilienz und Stressbewältigung können Pflegekräften helfen, mit den Herausforderungen ihres Jobs besser umzugehen und ihre emotionale Stabilität zu bewahren.

Durch die Implementierung dieser Lösungsvorschläge können Pflegeeinrichtungen eine Kultur des Respekts und der Wertschätzung fördern, die sowohl das Wohlbefinden der Bewohner als auch das Arbeitsumfeld des Personals verbessert.

Hier sind 30 Fallbeispiele für verbale Gewalt gegen Bewohner in Altenheimen, einschließlich möglicher Dialogbeispiele und Lösungsvorschläge:

1. Fallbeispiel

Situation: Eine Pflegekraft macht sich regelmäßig über das hohe Alter eines Bewohners lustig.

Dialog:

Pflegekraft: "Du bist ja schon so alt, du solltest dich nicht so aufregen. Wie oft muss ich dir das noch sagen?"

Bewohner: "Ich finde es nicht lustig, wenn du über mein Alter lachst."

Lösungsvorschlag:

Einführung von Schulungen zur professionellen Kommunikation und Sensibilisierung für das Alter der Bewohner.

2. Fallbeispiel

Situation: Ein Bewohner wird oft mit abfälligen Bemerkungen über seine körperlichen Beschwerden konfrontiert.

Dialog:

Pflegekraft: "Hör auf, dich über die Schmerzen zu beklagen. Das wird sowieso nicht besser."

Bewohner: "Ich fühle mich durch deine Kommentare noch schlechter."

Lösungsvorschlag:

Förderung von Empathie und Verständnis durch regelmäßige Schulungen zu den Bedürfnissen und Herausforderungen von Bewohnern.

3. Fallbeispiel

Situation: Eine Pflegekraft ignoriert die Anliegen eines Bewohners und reagiert genervt.

Dialog:

Bewohner: "Könnten Sie mir bitte helfen, mein Zimmer aufzuräumen?"

Pflegekraft: "Du stellst immer wieder dieselben Fragen, ich habe auch noch andere Dinge zu tun."

Lösungsvorschlag:

Einführung eines Beschwerdemanagementsystems, um Sorgen der Bewohner ernst zu nehmen und zeitnah zu bearbeiten.

4. Fallbeispiel

Situation: Ein Bewohner wird bei seinen

Essgewohnheiten verspottet.

Dialog:

Pflegekraft: "Schon wieder diese seltsamen Essenswünsche von dir. Du bist so wählerisch."

Bewohner: "Ich habe das Recht, mein Essen zu mögen, wie ich will."

Lösungsvorschlag:

Schulung des Personals im Umgang mit individuellen Bedürfnissen und Vorlieben der Bewohner.

5. Fallbeispiel

Situation: Eine Pflegekraft beschwert sich lautstark über einen Bewohner in Anwesenheit anderer.

Dialog:

Pflegekraft: "Dieser Bewohner ist so schwierig, es ist unmöglich, ihm gerecht zu werden."

Bewohner: "Ich höre, was du über mich sagst, und das verletzt mich."

Lösungsvorschlag:

Regelmäßige Supervisionen und Feedback-Gespräche, um die persönliche und professionelle Integrität der Pflegekräfte zu wahren.

6. Fallbeispiel

Situation: Ein Bewohner wird regelmäßig mit herabsetzenden Kommentaren über seine Fähigkeiten konfrontiert.

Dialog:

Pflegekraft: "Du schaffst es sowieso nicht mehr, dich selbst zu versorgen, lass mich das übernehmen."

Bewohner: "Ich möchte zumindest versuchen, es selbst zu machen."

Lösungsvorschlag:

Förderung der Selbstständigkeit der Bewohner durch Unterstützung und Anerkennung ihrer Bemühungen.

7. Fallbeispiel

Situation: Ein Bewohner wird bei seinen täglichen Aktivitäten von einer Pflegekraft unterbrochen und beschimpft.

Dialog:

Pflegekraft: "Du machst alles immer nur langsam, du bremst mich aus."

Bewohner: "Ich kann nicht schneller arbeiten, aber ich tue mein Bestes."

Lösungsvorschlag:

Einführung von Zeitmanagement-Schulungen für Pflegekräfte, um die Balance zwischen Effizienz und Respekt zu wahren.

8. Fallbeispiel

Situation: Eine Pflegekraft redet über die Inkontinenz eines Bewohners in der Öffentlichkeit.

Dialog:

Pflegekraft: "Ich muss mal wieder mit Ihnen über Ihre Inkontinenz sprechen. Sie sollten sich wirklich mehr bemühen."

Bewohner: "Das ist ein privates Thema und sollte nicht vor anderen besprochen werden."

Lösungsvorschlag:

Sensibilisierung für die Privatsphäre der Bewohner und Schulung im Umgang mit sensiblen Themen.

9. Fallbeispiel

Situation: Ein Bewohner wird bei der Einnahme seiner Medikamente mit unangemessenen Kommentaren konfrontiert.

Dialog:

Pflegekraft: "Warum musst du so viele Medikamente nehmen? Du bist ja schon ein wandelndes Medikamentenschränkchen."

Bewohner: "Diese Kommentare machen mich nur noch nervöser."

Lösungsvorschlag:

Schulung in der respektvollen und unterstützenden Kommunikation während der Medikamentenvergabe.

10. Fallbeispiel

Situation: Ein Bewohner wird in seiner Wahl von Fernsehsendungen belächelt.

Dialog:

Pflegekraft: "Du schaust immer nur diese alten Filme, was findest du daran interessant?"

Bewohner: "Das sind meine Lieblingssendungen, und ich sollte nicht dafür belächelt werden."

Lösungsvorschlag:

Respektieren der Interessen und Vorlieben der Bewohner und Schulung in der Kommunikation über persönliche Präferenzen.

11. Fallbeispiel

Situation: Eine Pflegekraft spricht ungeduldig mit einem Bewohner, der Schwierigkeiten beim Essen hat.

Dialog:

Pflegekraft: "Komm schon, iss schneller, wir haben keine Zeit für deine Langsamkeit."

Bewohner: "Ich esse so schnell, wie es mir möglich

ist. Deine Kommentare machen es nicht einfacher."

Lösungsvorschlag:

Schulung in Geduld und Einfühlungsvermögen, insbesondere bei der Unterstützung von Bewohnern während der Mahlzeiten.

12. Fallbeispiel

Situation: Ein Bewohner wird aufgrund seiner langen Rehabilitationszeit belächelt.

Dialog:

Pflegekraft: "Wie lange willst du noch in der Reha bleiben? Du machst wirklich keinen Fortschritt."

Bewohner: "Ich arbeite hart an meiner Reha und brauche Zeit, um Fortschritte zu machen."

Lösungsvorschlag:

Einführung eines unterstützenden Umfelds für Bewohner in der Reha und Förderung eines positiven Ansatzes zur Unterstützung von Fortschritten.

13. Fallbeispiel

Situation: Ein Bewohner wird bei der Anfrage nach einer zusätzlichen Decke schroff behandelt.

Dialog:

Pflegekraft: "Schon wieder eine zusätzliche Decke? Du bist wirklich anspruchsvoll."

Bewohner: "Es geht um meinen Komfort. Ich hoffe, das kann berücksichtigt werden."

Lösungsvorschlag:

Förderung einer einfühlsamen Reaktion auf Anfragen der Bewohner und Schulung in der Bedeutung von Komfort und persönlichem Wohlbefinden.

14. Fallbeispiel

Situation: Ein Bewohner wird regelmäßig mit beleidigenden Namen angesprochen.

Dialog:

Pflegekraft: "Was willst du schon wieder, du alter Knacker?"

Bewohner: "Ich finde es respektlos, so angesprochen

zu werden."

Lösungsvorschlag:

Einführung und Durchsetzung von Verhaltensrichtlinien zur respektvollen Ansprache und Umgangsformen.

15. Fallbeispiel

Situation: Eine Pflegekraft gibt einem Bewohner, der seine Meinung äußert, eine schroffe Antwort.

Dialog:

Bewohner: "Ich denke, wir sollten diese Entscheidung noch einmal überdenken."

Pflegekraft: "Das ist nicht dein Problem. Halte dich einfach raus."

Lösungsvorschlag:

Schulung in aktiver und respektvoller Kommunikation und Beteiligung der Bewohner an Entscheidungsprozessen.

16. Fallbeispiel

Situation: Ein Bewohner wird aufgrund seiner Demenzsymptome verspottet.

Dialog:

Pflegekraft: "Du verstehst doch eh nichts mehr, warum versuchst du es überhaupt?"

Bewohner: "Ich bin mir bewusst, dass ich Schwierigkeiten habe, aber das gibt dir nicht das Recht, mich so zu behandeln."

Lösungsvorschlag:

Förderung von Empathie und Verständnis für demenzkranke Bewohner durch spezialisierte Schulungen.

17. Fallbeispiel

Situation: Ein Bewohner wird bei der Teilnahme an sozialen Aktivitäten von einer Pflegekraft ausgeschlossen.

Dialog:

Pflegekraft: "Du bist einfach nicht in der Stimmung

für diese Aktivität, bleib lieber hier."

Bewohner: "Ich möchte gerne teilnehmen, auch wenn ich mich nicht immer wohlfühle."

Lösungsvorschlag:

Schaffung einer inklusiven Umgebung, in der alle Bewohner die Möglichkeit haben, an sozialen Aktivitäten teilzunehmen.

18. Fallbeispiel

Situation: Eine Pflegekraft macht abfällige Kommentare über die Essgewohnheiten eines Bewohners.

Dialog:

Pflegekraft: "Dein Essverhalten ist echt seltsam. Kein Wunder, dass du Probleme hast."

Bewohner: "Meine Essgewohnheiten sind meine persönliche Angelegenheit, und ich möchte respektiert werden."

Lösungsvorschlag:

Respektvolle Kommunikation über persönliche

Angelegenheiten wie Ernährung und
Essgewohnheiten.

19. Fallbeispiel

Situation: Ein Bewohner wird beschuldigt, das
Pflegepersonal absichtlich zu stören.

Dialog:

Pflegekraft: "Du machst absichtlich so viel Lärm, um
unsere Arbeit zu erschweren."

Bewohner: "Ich mache keinen Lärm, weil ich es will.
Vielleicht gibt es eine andere Lösung für mein
Problem."

Lösungsvorschlag:

Schulung in Konfliktbewältigung und
Ursachenforschung für störendes Verhalten der
Bewohner.

20. Fallbeispiel

Situation: Ein Bewohner wird ständig wegen
seiner Unpünktlichkeit bei Mahlzeiten kritisiert.

Dialog:

Pflegekraft: "Wie oft muss ich dir sagen, dass du pünktlich zum Essen kommen sollst?"

Bewohner: "Ich versuche mein Bestes, aber manchmal ist es einfach schwierig, pünktlich zu sein."

Lösungsvorschlag:

Erarbeitung von flexiblen Essenszeiten und Verständnis für individuelle Bedürfnisse und Herausforderungen der Bewohner.

21. Fallbeispiel

Situation: Ein Bewohner wird bei seiner täglichen Körperpflege von einer Pflegekraft ungeduldig behandelt.

Dialog:

Pflegekraft: "Warum dauert das so lange? Du solltest dich schneller fertig machen."

Bewohner: "Ich habe Schwierigkeiten und brauche

mehr Zeit, um mich fertig zu machen."

Lösungsvorschlag:

Einführung von Schulungen in Geduld und Unterstützung bei der Körperpflege, die den individuellen Bedürfnissen Rechnung tragen.

22. Fallbeispiel

Situation: Ein Bewohner wird bei der Anmeldung zu Veranstaltungen schroff abgewiesen.

Dialog:

Pflegekraft: "Du bist sowieso nicht interessiert, du solltest es einfach lassen."

Bewohner: "Ich möchte gerne an der Veranstaltung teilnehmen, auch wenn ich nicht wie andere interessiert bin."

Lösungsvorschlag:

Förderung der Teilnahme aller Bewohner an Veranstaltungen und Berücksichtigung individueller Interessen und Bedürfnisse.

23. Fallbeispiel

Situation: Eine Pflegekraft äußert sich sarkastisch über die Kleiderwahl eines Bewohners.

Dialog:

Pflegekraft: "Du siehst ja aus wie aus einer anderen Zeit. Bist du sicher, dass du das tragen willst?"

Bewohner: "Ich ziehe an, was mir gefällt. Das sollte respektiert werden."

Lösungsvorschlag:

Sensibilisierung für die persönlichen Vorlieben der Bewohner und Respektierung ihrer Kleiderwahl.

24. Fallbeispiel

Situation: Ein Bewohner wird in Bezug auf seine finanziellen Angelegenheiten herabgesetzt.

Dialog:

Pflegekraft: "Mit dem wenigen Geld, das du hast, kannst du dir ohnehin nichts leisten."

Bewohner: "Meine finanziellen Angelegenheiten sind

privat und sollten nicht beurteilt werden."

Lösungsvorschlag:

Wahrung der Privatsphäre und Vertraulichkeit in Bezug auf finanzielle Angelegenheiten der Bewohner.

25. Fallbeispiel

Situation: Ein Bewohner wird bei Anfragen nach Unterstützung unfreundlich behandelt.

Dialog:

Bewohner: "Könnten Sie mir bitte beim Einrichten meines Fernsehers helfen?"

Pflegekraft: "Hast du nichts anderes zu tun? Ich habe Wichtigeres zu tun."

Lösungsvorschlag:

Förderung eines serviceorientierten Ansatzes und Schulung in der respektvollen Unterstützung der Bewohner.

26. Fallbeispiel

Situation: Ein Bewohner wird bei seinen Fragen nach dem Tagesablauf lächerlich gemacht.

Dialog:

Pflegekraft: "Wie oft willst du noch fragen, wann das Mittagessen kommt? Das sollte dir doch klar sein."

Bewohner: "Ich möchte sicherstellen, dass ich den Tagesablauf verstehe, und brauche dafür Unterstützung."

Lösungsvorschlag:

Regelmäßige und klare Information über den Tagesablauf und Geduld bei wiederholten Fragen der Bewohner.

27. Fallbeispiel

Situation: Eine Pflegekraft spricht in herablassendem Ton mit einem Bewohner, der eine Beschwerde äußert.

Dialog:

Bewohner: "Ich habe ein Problem mit meinem Zimmer."

Pflegekraft: "Das ist nicht wichtig, wir haben andere Sorgen."

Lösungsvorschlag:

Ernsthaftes Angehen von Beschwerden und Anliegen der Bewohner durch aktive und respektvolle Kommunikation.

28. Fallbeispiel

Situation: Ein Bewohner wird wegen seiner Gedächtnisprobleme ständig korrigiert und gestraft.

Dialog:

Pflegekraft: "Schon wieder hast du das falsch gemacht. Du vergisst wirklich alles."

Bewohner: "Ich habe Schwierigkeiten, mich an alles zu erinnern, aber ich versuche mein Bestes."

Lösungsvorschlag:

Einführung von Gedächtnis- und Unterstützungsstrategien für Bewohner mit kognitiven Einschränkungen.

29. Fallbeispiel

Situation: Ein Bewohner wird aufgrund seiner häufigen Toilettengänge gerügt.

Dialog:

Pflegekraft: "Musst du immer so oft auf die Toilette? Das ist wirklich lästig."

Bewohner: "Das sind meine Bedürfnisse, und ich brauche Unterstützung, keine Kritik."

Lösungsvorschlag:

Sensibilisierung für medizinische Bedürfnisse und Respektierung der persönlichen Bedürfnisse der Bewohner.

30. Fallbeispiel

Situation: Ein Bewohner wird bei der Teilnahme an Gruppenaktivitäten ständig ignoriert und übersehen.

Dialog:

Bewohner: "Ich möchte gerne bei der

Gruppenaktivität mitmachen."

Pflegekraft: "Es gibt keine Plätze mehr. Du bleibst besser hier."

Lösungsvorschlag:

Sicherstellung, dass alle Bewohner die Möglichkeit haben, an Gruppenaktivitäten teilzunehmen, und Verbesserung der Planung und Organisation solcher Aktivitäten.

Diese Fallbeispiele verdeutlichen die vielfältigen Formen verbaler Gewalt und deren Auswirkungen auf Bewohner in Altenheimen. Durch die Implementierung geeigneter Schulungs- und Unterstützungsmaßnahmen kann die Pflegequalität verbessert und das Wohlbefinden der Bewohner geschützt werden.

körperliche Gewalt gegen Bewohner

Hier sind 30 Fallbeispiele für körperliche Gewalt gegen Bewohner in Altenheimen, einschließlich möglicher Dialogbeispiele und Lösungsvorschläge. Der Text enthält keine Rauten, Sternchen oder andere Sonderzeichen.

1. Fallbeispiel

Situation: Eine Pflegekraft greift einem Bewohner grob ins Handgelenk, um ihn zu bewegen.

Dialog:

Bewohner: "Das tut weh, bitte lassen Sie mich vorsichtig los."

Pflegekraft: "Wenn du dich nicht so wehren würdest, wäre das nicht nötig."

Lösungsvorschlag:

Einführung von Schulungen zu schonender Handhabungstechniken und Förderung eines respektvollen Umgangs.

2. Fallbeispiel

Situation: Ein Bewohner wird beim Ankleiden von einer Pflegekraft unsanft behandelt.

Dialog:

Bewohner: "Sie reißen mir die Kleidung vom Leib."

Pflegekraft: "Ich habe es eilig, also musst du dich

schneller anziehen."

Lösungsvorschlag:

Förderung der Sensibilität und Geduld beim Ankleiden der Bewohner, Schulungen in sanfter Handhabung.

3. Fallbeispiel

Situation: Eine Pflegekraft zieht einen Bewohner ruckartig aus dem Bett.

Dialog:

Bewohner: "Das ist sehr unangenehm, bitte seien Sie vorsichtiger."

Pflegekraft: "Wenn du nicht so schwerfällig wärst, ginge es schneller."

Lösungsvorschlag:

Einführung von Techniken zur sanften Mobilisation und regelmäßige Schulungen zur Vermeidung von Zwang.

4. Fallbeispiel

Situation: Ein Bewohner wird beim Toilettengang grob angefasst.

Dialog:

Bewohner: "Bitte lassen Sie mich in Ruhe, das ist sehr unangenehm."

Pflegekraft: "Du musst jetzt schnell sein, ich habe noch andere Aufgaben."

Lösungsvorschlag:

Schulungen zur Wahrung der Intimsphäre und respektvollen Unterstützung bei der Körperpflege.

5. Fallbeispiel

Situation: Eine Pflegekraft schlägt versehentlich die Hand eines Bewohners beim Versuch, ihm zu helfen.

Dialog:

Bewohner: "Das hat wehgetan, warum so grob?"

Pflegekraft: "Es war nicht absichtlich. Du musst dich nur schneller bewegen."

Lösungsvorschlag:

Regelmäßige Schulungen zur Vermeidung von körperlicher Gewalt und zur sicheren Unterstützung von Bewohnern.

6. Fallbeispiel

Situation: Ein Bewohner wird bei einem Sturz unsanft vom Boden gezogen.

Dialog:

Bewohner: "Das war sehr schmerzhaft, ich hätte lieber vorsichtiger Hilfe bekommen."

Pflegekraft: "Ich wollte dir nur schnell helfen, damit du nicht noch länger am Boden liegst."

Lösungsvorschlag:

Implementierung sicherer Sturzprotokolle und Schulungen in der richtigen Technik zur Unterstützung nach einem Sturz.

7. Fallbeispiel

Situation: Eine Pflegekraft schubst einen Bewohner, der sich beim Essen Zeit lässt.

Dialog:

Bewohner: "Warum schubsen Sie mich? Ich esse so schnell ich kann."

Pflegekraft: "Wenn du nicht so lange brauchst, wären wir schon fertig."

Lösungsvorschlag:

Förderung von Geduld und Respekt beim Essen und Berücksichtigung der individuellen Geschwindigkeit des Bewohners.

8. Fallbeispiel

Situation: Ein Bewohner wird unsanft in seinen Rollstuhl gesetzt.

Dialog:

Bewohner: "Das tut weh, bitte seien Sie vorsichtiger."

Pflegekraft: "Es geht schneller, wenn ich es so mache."

Lösungsvorschlag:

Schulung in sanfter Mobilisation und respektvoller Handhabung von Bewohnern, die im Rollstuhl sitzen.

9. Fallbeispiel

Situation: Eine Pflegekraft greift einen Bewohner beim Umlagern ruckartig an den Armen.

Dialog:

Bewohner: "Ihre Bewegungen sind sehr schmerzhaft."

Pflegekraft: "Es muss schnell gehen, sonst dauert es zu lange."

Lösungsvorschlag:

Training zur Anwendung sanfter Techniken beim Umlagern und Beachtung der körperlichen Bedürfnisse der Bewohner.

10. Fallbeispiel

Situation: Ein Bewohner wird beim Verlassen

des Bettes unfreundlich gepackt.

Dialog:

Bewohner: "Ich fühle mich durch Ihre Handhabung unwohl."

Pflegekraft: "Wenn du dich nicht so wehren würdest, wäre es leichter."

Lösungsvorschlag:

Einführung von Techniken zur respektvollen und sicheren Unterstützung beim Verlassen des Bettes.

11. Fallbeispiel

Situation: Eine Pflegekraft zieht einem Bewohner bei der Körperpflege am Ohr, um ihn zu bewegen.

Dialog:

Bewohner: "Das ist schmerzhaft, bitte lassen Sie mein Ohr los."

Pflegekraft: "Es ist schneller, wenn ich dich so ziehe."

Lösungsvorschlag:

Förderung von einfühlsamen Techniken bei der Körperpflege und Schulungen in der angemessenen Unterstützung.

12. Fallbeispiel

Situation: Ein Bewohner wird beim Aufstehen aus dem Stuhl grob an den Schultern gepackt.

Dialog:

Bewohner: "Das fühlt sich sehr unangenehm an."

Pflegekraft: "Wenn du nicht so langsam wärst, wäre das nicht nötig."

Lösungsvorschlag:

Regelmäßige Schulungen zur schonenden Mobilisation und Unterstützung beim Aufstehen.

13. Fallbeispiel

Situation: Eine Pflegekraft schubst einen Bewohner, der sich beim Essen verspäten könnte.

Dialog:

Bewohner: "Warum schubsen Sie mich? Das fühlt sich nicht gut an."

Pflegekraft: "Wenn du schneller isst, müssen wir uns nicht so beeilen."

Lösungsvorschlag:

Förderung von Geduld und Verständnis beim Essen und Unterstützung bei der Vermeidung von Stresssituationen.

14. Fallbeispiel

Situation: Ein Bewohner wird beim Umsetzen von einem Bett zum Rollstuhl unsanft behandelt.

Dialog:

Bewohner: "Ihre Bewegungen sind sehr unangenehm und schmerzhaft."

Pflegekraft: "Es muss schnell gehen, damit ich meine anderen Aufgaben erledigen kann."

Lösungsvorschlag:

Implementierung von sanften Techniken für das Umsetzen und Schulungen zur Vermeidung körperlicher Gewalt.

15. Fallbeispiel

Situation: Eine Pflegekraft packt einen Bewohner bei einem Sturz grob an den Armen.

Dialog:

Bewohner: "Das tut weh, ich fühle mich durch Ihre Behandlung verletzt."

Pflegekraft: "Ich wollte dir nur schnell helfen."

Lösungsvorschlag:

Schulung in der sicheren und respektvollen Unterstützung nach einem Sturz, Vermeidung von grober Handhabung.

16. Fallbeispiel

Situation: Ein Bewohner wird bei der Hilfe zum Aufstehen grob an den Beinen berührt.

Dialog:

Bewohner: "Das fühlt sich schmerzhaft an, bitte seien Sie vorsichtiger."

Pflegekraft: "Es muss schnell gehen, damit du nicht zu lange wartest."

Lösungsvorschlag:

Einführung von Techniken zur sanften Unterstützung beim Aufstehen und Beachtung der körperlichen Beschwerden der Bewohner.

17. Fallbeispiel

Situation: Eine Pflegekraft zieht einem Bewohner beim Bewegen im Bett grob an den Schultern.

Dialog:

Bewohner: "Das ist sehr unangenehm. Können Sie das bitte sanfter machen?"

Pflegekraft: "Wenn du dich nicht so wehren würdest, würde es schneller gehen."

Lösungsvorschlag:

Schulung in der Anwendung sanfter Techniken und

Förderung eines respektvollen Umgangs mit Bewohnern.

18. Fallbeispiel

Situation: Ein Bewohner wird bei der Toilettennutzung grob berührt und dabei beschleunigt.

Dialog:

Bewohner: "Das ist nicht angenehm. Ich brauche mehr Zeit und Geduld."

Pflegekraft: "Ich muss schnell sein, sonst habe ich keine Zeit für die anderen Bewohner."

Lösungsvorschlag:

Förderung von Geduld und Verständnis in der Unterstützung bei der Toilettennutzung und Beachtung der individuellen Bedürfnisse.

19. Fallbeispiel

Situation: Eine Pflegekraft packt einen Bewohner unsanft am Arm, um ihn zu einem Gespräch zu bringen.

Dialog:

Bewohner: "Das tut weh, können Sie mich bitte sanft behandeln?"

Pflegekraft: "Es ist wichtig, dass du jetzt kommst, also lass mich dir helfen."

Lösungsvorschlag:

Schulung in der respektvollen Kommunikation und Unterstützung von Bewohnern durch sanfte Berührungstechniken.

20. Fallbeispiel

Situation: Ein Bewohner wird beim Wechseln der Bettwäsche unsanft angefasst.

Dialog:

Bewohner: "Ich fühle mich durch Ihre Handhabung sehr unwohl."

Pflegekraft: "Das muss schnell erledigt werden, damit ich meine Arbeit beenden kann."

Lösungsvorschlag:

Einführung von Techniken zur schonenden Handhabung und Schulung zur Vermeidung von körperlicher Gewalt während der Pflege.

21. Fallbeispiel

Situation: Eine Pflegekraft schiebt einen Bewohner grob, um Platz für andere

zu schaffen.

Dialog:

Bewohner: "Ich möchte nicht gedrängt werden, das ist unangenehm."

Pflegekraft: "Es ist einfach, Platz zu machen, damit die anderen auch ihren Raum haben."

Lösungsvorschlag:

Schulung in der respektvollen Handhabung und Beachtung der persönlichen Bedürfnisse der Bewohner.

22. Fallbeispiel

Situation: Ein Bewohner wird beim Zähneputzen grob behandelt.

Dialog:

Bewohner: "Das tut weh, bitte seien Sie vorsichtiger."

Pflegekraft: "Es geht schneller, wenn ich mich beeile."

Lösungsvorschlag:

Förderung von Techniken für eine sanfte Zahnpflege und Beachtung der Bedürfnisse der Bewohner.

23. Fallbeispiel

Situation: Eine Pflegekraft behandelt einen Bewohner grob beim Einsteigen in den Fahrstuhl.

Dialog:

Bewohner: "Das fühlt sich sehr unangenehm an. Können Sie mich bitte sanft unterstützen?"

Pflegekraft: "Es muss schnell gehen, damit wir pünktlich sind."

Lösungsvorschlag:

Schulung zur sanften Unterstützung beim Einsteigen und Beachtung der individuellen Bedürfnisse der Bewohner.

24. Fallbeispiel

Situation: Ein Bewohner wird bei der Hilfe beim Essen grob behandelt.

Dialog:

Bewohner: "Das Essen ist kalt geworden, weil ich mich nicht richtig bewegen kann."

Pflegekraft: "Du isst zu langsam, wir müssen das schneller erledigen."

Lösungsvorschlag:

Förderung von Geduld und Verständnis beim Essen und Beachtung der Geschwindigkeit, mit der der Bewohner essen kann.

25. Fallbeispiel

Situation: Eine Pflegekraft schubst einen Bewohner, der sich nicht schnell genug aus dem Bett bewegt.

Dialog:

Bewohner: "Das ist sehr unangenehm, ich brauche mehr Zeit."

Pflegekraft: "Es geht schnell, wenn du dich schneller bewegst."

Lösungsvorschlag:

Einführung von Techniken zur sanften Mobilisation und Unterstützung der Bewohner beim Aufstehen.

26. Fallbeispiel

Situation: Ein Bewohner wird beim Sitzen auf dem Stuhl grob an den Beinen berührt.

Dialog:

Bewohner: "Das fühlt sich sehr unangenehm an."

Pflegekraft: "Es ist notwendig, damit du richtig sitzt."

Lösungsvorschlag:

Sensibilisierung für respektvolle

Handhabungstechniken und Schulung in der Anwendung sanfter Methoden.

27. Fallbeispiel

Situation: Eine Pflegekraft behandelt einen Bewohner grob beim Wechseln der Kleidung.

Dialog:

Bewohner: "Das schmerzt, bitte seien Sie vorsichtiger."

Pflegekraft: "Es muss schnell gehen, damit du rechtzeitig fertig bist."

Lösungsvorschlag:

Einführung von sanften Techniken beim Wechseln der Kleidung und Beachtung der körperlichen Beschwerden der Bewohner.

28. Fallbeispiel

Situation: Ein Bewohner wird beim Aufstehen aus dem Rollstuhl unsanft behandelt.

Dialog:

Bewohner: "Das tut weh, ich brauche mehr Unterstützung."

Pflegekraft: "Es ist einfacher, wenn ich dich so bewege."

Lösungsvorschlag:

Schulung in der sanften Unterstützung beim Aufstehen aus dem Rollstuhl und Beachtung der individuellen Bedürfnisse.

29. Fallbeispiel

Situation: Eine Pflegekraft zieht einen Bewohner grob beim Umlagern im Bett.

Dialog:

Bewohner: "Das ist sehr schmerzhaft, bitte seien Sie sanfter."

Pflegekraft: "Es geht schneller, wenn ich so handle."

Lösungsvorschlag:

Förderung von sanften Techniken beim Umlagern und Schulungen zur Vermeidung körperlicher

Gewalt.

30. Fallbeispiel

Situation: Ein Bewohner wird bei der Hilfe zum Einsteigen in den Rollstuhl unsanft behandelt.

Dialog:

Bewohner: "Das fühlt sich nicht gut an, ich brauche mehr Geduld."

Pflegekraft: "Es geht schneller, wenn ich dich so unterstütze."

Lösungsvorschlag:

Implementierung von Schulungen zur respektvollen und sanften Unterstützung beim Einsteigen in den Rollstuhl.

Diese Fallbeispiele verdeutlichen verschiedene Formen körperlicher Gewalt gegen Bewohner und zeigen auf, wie durch Schulungen und Sensibilisierung Maßnahmen zur Vermeidung solcher Gewalt umgesetzt werden können.

Körperliche Gewalt gegen Bewohner in Altenheimen ist eine ernsthafte Angelegenheit mit erheblichen juristischen Konsequenzen. Hier sind die möglichen rechtlichen Folgen und relevante gesetzliche Rahmenbedingungen in Deutschland:

1. Strafrechtliche Konsequenzen

1.1 Körperverletzung (§ 223 StGB)

Körperliche Gewalt gegen Bewohner kann als Körperverletzung gewertet werden. Das Strafgesetzbuch (§ 223 StGB) definiert Körperverletzung als das Zufügen von körperlichem Schmerz oder gesundheitlichen Schäden. Pflegekräfte, die durch unsanfte oder gewalttätige Handlungen körperliche Schäden verursachen, können wegen Körperverletzung strafrechtlich verfolgt werden.

1.2 Schwere Körperverletzung (§ 224 StGB)

Wenn die körperliche Gewalt zu schwereren Verletzungen oder bleibenden Schäden führt, kann die Tat unter § 224 StGB als schwere Körperverletzung eingestuft werden. Dies kann zu höheren Strafen führen, wie z.B. Freiheitsstrafen von sechs Monaten bis zu zehn Jahren.

1.3 Misshandlung von Schutzbefohlenen (§ 225 StGB)

Besonders relevant im Altenheim ist der § 225 StGB, der die Misshandlung von Schutzbefohlenen behandelt. Pflegekräfte, die körperliche Gewalt gegenüber Bewohnern anwenden, die aufgrund ihres Alters oder Gesundheitszustands besonders schutzbedürftig sind, können wegen Misshandlung von Schutzbefohlenen strafrechtlich belangt werden.

2. Zivilrechtliche Konsequenzen

2.1 Schadensersatzansprüche

Bewohner, die Opfer körperlicher Gewalt wurden, haben Anspruch auf Schadensersatz. Dies umfasst sowohl materielle Schäden (z.B. Kosten für medizinische Behandlungen) als auch immaterielle Schäden (z.B. Schmerzensgeld). Der Anspruch auf Schadensersatz kann gegen die verantwortliche Pflegekraft sowie gegen das Altenheim geltend gemacht werden.

2.2 Haftung des Altenheims

Das Altenheim kann für die Handlungen seiner Mitarbeiter haftbar gemacht werden, wenn diese im Rahmen ihrer Tätigkeit Körperverletzungen begangen haben. Dies umfasst sowohl direkte Haftung als auch die Pflicht zur Schadensregulierung für die Handlungen ihrer Angestellten (§ 831 BGB).

3. Berufliche Konsequenzen

3.1 Kündigung und Berufsverbot

Pflegekräfte, die körperliche Gewalt anwenden, können fristlos gekündigt werden. Eine solche Tat stellt einen schweren Verstoß gegen die beruflichen Pflichten dar. Zudem kann ein Berufsverbot verhängt werden, das die Ausübung des Pflegeberufs in der Zukunft einschränkt.

3.2 Verlust der Pflegeerlaubnis

Bei schwerwiegenden und wiederholten Verstößen gegen die Berufsordnung kann auch die Zulassung oder Erlaubnis zur Ausübung des Pflegeberufs entzogen werden.

**4. Präventionsmaßnahmen und

Berichtspflichten**

4.1 Meldepflichten

Einrichtungen sind verpflichtet, Vorfälle von Gewalt zu melden und entsprechende Untersuchungen einzuleiten. Missachtungen dieser Pflichten können ebenfalls rechtliche Konsequenzen nach sich ziehen.

4.2 Schulungen und Aufklärung

Pflegeeinrichtungen sind verpflichtet, ihre Mitarbeiter regelmäßig zu schulen und auf den Umgang mit Bewohnern zu sensibilisieren, um körperliche Gewalt zu verhindern. Versäumnisse in diesen Bereichen können ebenfalls rechtliche Konsequenzen haben, insbesondere wenn es zu wiederholten Vorfällen kommt.

5. Fallbeispiele aus der Praxis

5.1 Fallbeispiel 1: Im Jahr 2020 wurde eine Pflegekraft in einem Altenheim wegen schwerer Körperverletzung verurteilt, nachdem sie einem Bewohner beim Umlagern Verletzungen zugefügt hatte. Die Pflegekraft erhielt eine Freiheitsstrafe von zwei Jahren auf Bewährung und wurde zusätzlich zu einer Schadensersatzzahlung verurteilt.

5.2 Fallbeispiel 2: In einem anderen Fall entschied das Gericht im Jahr 2019, dass ein Altenheim für die körperliche Gewalt eines Mitarbeiters haftbar gemacht wird. Das Heim musste dem betroffenen Bewohner Schmerzensgeld und Schadensersatz zahlen, da es seine Aufsichtspflicht verletzt hatte.

5.3 Fallbeispiel 3: Ein Altenheim wurde im Jahr 2021 wegen systematischer körperlicher Misshandlungen von Bewohnern von der zuständigen Aufsichtsbehörde sanktioniert. Das Heim musste eine hohe Geldstrafe zahlen und erhielt Auflagen zur Verbesserung der internen Kontrollmechanismen und Schulungen.

Diese Beispiele zeigen, wie ernst die juristischen Konsequenzen für körperliche Gewalt in Altenheimen genommen werden und wie wichtig Präventionsmaßnahmen und eine sorgfältige Überwachung der Pflegepraxis sind.

Der Aufbau von Teamgeist in der Pflege, insbesondere in Altenheimen, ist entscheidend für eine gute Arbeitsatmosphäre und die bestmögliche Versorgung der Bewohner. Hier sind einige praktische Ansätze und Strategien, um Teamgeist zu entwickeln, zusammenzuhalten und sich gegenseitig zu unterstützen:

1. Teamgeist Entwickeln

1.1 Gemeinsame Ziele Setzen

Alle Teammitglieder sollten die gleichen Ziele verfolgen, um die Qualität der Pflege zu verbessern und das Wohl der Bewohner zu gewährleisten. Regelmäßige Teambesprechungen können dabei helfen, gemeinsame Ziele zu formulieren und Fortschritte zu überprüfen.

1.2 Teambildungsmaßnahmen

Organisieren Sie regelmäßige Teambuilding-

Aktivitäten, wie gemeinsame Workshops, Schulungen oder soziale Veranstaltungen. Diese Aktivitäten stärken das Zusammengehörigkeitsgefühl und fördern das gegenseitige Verständnis.

1.3 Anerkennung und Wertschätzung

Feiern Sie Erfolge und erkennen Sie die Leistungen der Kollegen an. Dies kann durch Lob in Meetings, Anerkennungszertifikate oder kleine Aufmerksamkeiten geschehen. Wertschätzung motiviert und stärkt den Teamgeist.

2. Zusammenhalten

2.1 Unterstützung Anbieten

Bieten Sie Unterstützung bei der Arbeit an, insbesondere in stressigen Situationen. Wenn ein Kollege Hilfe benötigt, sollte das Team bereit sein, einzugreifen und zu helfen, um den Arbeitsaufwand zu reduzieren.

2.2 Offene Kommunikation

Fördern Sie eine offene Kommunikation, bei der alle

Teammitglieder ihre Gedanken und Sorgen äußern können. Regelmäßige Meetings und Einzelgespräche können dazu beitragen, dass Probleme frühzeitig erkannt und gemeinsam gelöst werden.

2.3 Konflikte Konstruktiv Lösen

Bei Konflikten sollte das Team konstruktiv und respektvoll an einer Lösung arbeiten. Konfliktlösungsstrategien, wie Mediation oder regelmäßige Feedbackgespräche, können helfen, Missverständnisse auszuräumen und Spannungen abzubauen.

3. Stärken der Kollegen In Den Vordergrund Stellen

3.1 Stärken Erkennen

Identifizieren Sie die individuellen Stärken und Fähigkeiten jedes Teammitglieds. Nutzen Sie diese Stärken, um Aufgaben und Verantwortlichkeiten optimal zu verteilen.

3.2 Aufgabenzuweisung

Weisen Sie Aufgaben entsprechend den Stärken und Fachkenntnissen der Kollegen zu. Dies erhöht nicht nur die Effizienz, sondern fördert auch die Zufriedenheit und Motivation im Team.

3.3 Feedback Geben

Geben Sie regelmäßig konstruktives Feedback, das sich auf die Stärken und positiven Leistungen der Kollegen konzentriert. Dies unterstützt die persönliche und berufliche Weiterentwicklung.

4. Respektvoll Miteinander Umgehen

4.1 Höflichkeit und Freundlichkeit

Behandeln Sie alle Teammitglieder mit Höflichkeit und Freundlichkeit. Ein respektvoller Umgang fördert ein positives Arbeitsklima und stärkt das Vertrauen im Team.

4.2 Empathie Zeigen

Zeigen Sie Verständnis und Empathie für die Herausforderungen und Sorgen Ihrer Kollegen. Ein offenes Ohr und Mitgefühl stärken das Gemeinschaftsgefühl und helfen bei der Bewältigung von Stress.

4.3 Respekt vor Grenzen

Respektieren Sie die persönlichen und beruflichen Grenzen der Kollegen. Achten Sie darauf, dass die Bedürfnisse und Wünsche jedes Einzelnen geachtet werden.

5. Judas Syndrom Weglassen

5.1 Transparenz Fördern

Vermeiden Sie geheime Absprachen oder das „Judas Syndrom", bei dem Mitarbeiter hinter dem Rücken anderer Kollegen Informationen weitergeben oder gegen sie arbeiten. Fördern Sie stattdessen Transparenz und Ehrlichkeit im Team.

5.2 Vertrauen Aufbauen

Arbeiten Sie aktiv daran, Vertrauen innerhalb des Teams aufzubauen. Offene Kommunikation und ein ehrlicher Umgang miteinander sind wesentliche

Bestandteile eines vertrauensvollen
Arbeitsumfeldes.

5.3 Zusammen Arbeiten

Fokussieren Sie sich auf die Zusammenarbeit und
vermeiden Sie Konkurrenzdenken innerhalb des
Teams. Jeder sollte wissen, dass das gemeinsame
Ziel die beste Versorgung der Bewohner ist.

6. Offenheit Fördern

6.1 Ideen Teilen

Ermutigen Sie das Team, Ideen und
Verbesserungsvorschläge offen zu teilen. Eine offene
Diskussion kann zu kreativen Lösungen und einer
besseren Teamdynamik führen.

6.2 Fehler Ansprechen

Seien Sie offen für Feedback und sprechen Sie Fehler
konstruktiv an. Eine Kultur, in der Fehler als
Lernmöglichkeiten betrachtet werden, fördert
kontinuierliche Verbesserung und
Teamzusammenhalt.

6.3 Weiterbildungen

Fördern Sie die Teilnahme an Weiterbildungen und Schulungen, um neue Fähigkeiten und Wissen zu erwerben. Offenheit für Lernen und Entwicklung stärkt nicht nur individuelle Kompetenzen, sondern auch die Teamarbeit.

Durch die Umsetzung dieser Strategien kann ein starkes, unterstützendes Team aufgebaut werden, das gemeinsam an der Verbesserung der Pflegequalität arbeitet und die Arbeitsbedingungen für alle Mitarbeiter verbessert.